GUIA ~~DOS~~
VERBOS PORTUGUESES

AUTORES

Deolinda Monteiro   Beatriz Pessoa

EDIÇÃO REVISTA

6.ª EDIÇÃO

Lidel – edições técnicas, lda

LISBOA – PORTO – COIMBRA

e-mail: lidel@lidel.pt
http://www.lidel.pt (Lidel on-line)
(*site* seguro certificado pela Thawte)

Da mesma Editora:

— CONHECER PORTUGAL E FALAR PORTUGUÊS
  CD-ROM para auto-aprendizagem do Português como Língua Estrangeira através de cenas animadas e de imagens de algumas regiões de Portugal. Tradução em 4 línguas: Alemão, Espanhol, Francês, Inglês.
— VAMOS LÁ COMEÇAR
  Explicações e exercícios de gramática e vocabulário em 2 volumes (nível elementar).
— PORTUGUÊS XXI
  Curso de Português Língua Estrangeira estruturado em 3 níveis: Iniciação, Elementar e Intermédio.
  Componentes de cada nível: Livro do Aluno, Caderno de Exercícios, Livro do Professor e Cd-Áudio.
— NAVEGAR EM PORTUGUÊS
  Método dirigido a alunos do ensino secundário constituído por dois níveis.
  Componentes de cada nível: Livro do Aluno, Caderno de Exercícios, Livro do Professor e CDs-Áudio.
  Projecto Socrates da União Europeia.
— GRAMÁTICA INTERACTIVA
  CD-ROM com mais de 100 exercícios interactivos para revisão e consolidação do português bem como treino intensivo da capacidade de compreensão oral e escrita.
— PRATICAR PORTUGUÊS
  Actividades linguísticas variadas, destinadas a alunos de Português Língua Estrangeira de nível elementar.
— COMUNICAR EM PORTUGUÊS
  Livro de exercícios para desenvolvimento da comunicação oral.
  Existe CD-áudio de acompanhamento com a gravação de todo o texto.
— DITADOS DE PORTUGUÊS
  Conjunto de duas cassetes áudio + livro de acompanhamento para os Níveis Elementar e Intermédio.
  Para aperfeiçoamento da compreensão oral.
— BEM-VINDO
  Método para três anos de Português Língua Estrangeira.
  Componentes de cada nível: Livro do Aluno, Livro de Trabalho, Livro do Professor e CD-áudio.
— PORTUGUÊS SEM FRONTEIRAS
  Curso de Português como Língua Estrangeira em 3 Níveis.
  Componentes de cada nível: Livro do Aluno, Livro do Professor e um conjunto de Cassetes Áudio.
  Para o Nível 1: Nova Edição, revista e actualizada.
— LUSOFONIA
  Curso Básico de Português Língua Estrangeira/Curso Avançado de Português Língua Estrangeira.
  Componentes de cada nível: Livro do Aluno, Caderno de Exercícios, Livro do Professor, Cassete Áudio.
— GRAMÁTICA ACTIVA
  Noções e exercícios gramaticais em 2 níveis com soluções. Nova edição, revista e actualizada.
— GUIA PRÁTICO DE VERBOS COM PREPOSIÇÕES
  Manual prático de verbos seguidos de preposições e respectivo significado.
— VAMOS LÁ CONTINUAR
  Explicações e exercícios de gramática e vocabulário (níveis intermédio e avançado).

EDIÇÃO E DISTRIBUIÇÃO

Lidel – edições técnicas, lda

ESCRITÓRIO: Rua D. Estefânia, 183, r/c Dto. – 1049-057 Lisboa — Telefs.: Ens. Línguas/Exportação: 21 351 14 42 – depinternational@lidel.pt;
Marketing: 21 317 32 51 – marketing@lidel.pt; Formação: 21 317 32 52 – formacao@lidel.pt; Revenda: 21 351 14 43 – revenda@lidel.pt;
Linha de Autores: 21 317 32 53 – edicoesple@lidel.pt; S. Vendas Medicina: 21 351 14 48 – venda.directa@lidel.pt;
Mailing/Internet: 21 317 32 56 – mailnet@lidel.pt; Tesouraria/Periódicos: 21 351 14 41 – depam@lidel.pt
Fax: 21 357 78 27 - 21 352 26 84 - 21 317 32 59
LIVRARIAS: LISBOA: Av. Praia da Vitória, 14 – 1000-247 Lisboa — Telef. 21 354 14 18 – Fax 21 357 78 27 – livrarialx@lidel.pt
PORTO: Rua Damião de Góis, 452 – 4050-224 Porto — Telef. 22 557 35 10 – Fax 22 550 11 19 – delporto@lidel.pt
COIMBRA: Av. Emídio Navarro, 11-2º – 3000-150 Coimbra — Telef. 239 82 24 86 – Fax 239 82 72 21 – delcoimbra@lidel.pt

Copyright © 1993
Edição Revista – Março 2002
LIDEL — Edições Técnicas, Limitada
Pré-impressão: Tipografia Lousanense, Lda.
Impressão e acabamento: Tipografia Peres
ISBN 972-9018-41-3
Depósito legal nº 185473/02

ÍNDICE GERAL

INTRODUÇÃO

A convite da editora LIDEL, realizámos este trabalho com a consciência da dificuldade em harmonizar a natureza de um manual prático de consulta com a amplitude da matéria em questão — a **conjugação verbal portuguesa**. De facto, as particularidades que a caracterizam são inúmeras, o que nos obrigou a uma selecção de **noções fundamentais** e a uma organização que pudesse responder, o mais exaustivamente possível, aos problemas que a utilização do verbo português levanta. E, sendo o verbo o núcleo da frase, utilizá-lo com rigor e saber é tornar mais eficiente, rica e bela a comunicação linguística.

Tendo ainda em conta um destinatário tão numeroso e heterogéneo, procurámos simplificar a linguagem, actualizar a terminologia e tornar este guia de fácil consulta.

As mais significativas particularidades da conjugação do verbo no Brasil foram sendo referidas ao longo do Guia.

Recorreu-se a um número reduzido de abreviaturas, a transcrição fonética é pontual — apenas em observações de rodapé nos verbos conjugados — e através de exemplos são clarificadas as **noções fundamentais**.

Esperamos que este Guia Prático dos Verbos Portugueses cumpra os objectivos que nos orientaram.

AS AUTORAS

COMO UTILIZAR ESTE GUIA

Para se informar acerca da conjugação de determinado verbo, deve procurá-lo na **Lista Geral dos Verbos**. Nesta, cada verbo é remetido para a página do verbo **modelo** e, eventualmente, para a das particularidades da sua conjugação.

Foram usadas as abreviaturas seguintes:

bras. — brasileiro
conj. — conjuntivo
fig. — sentido figurativo
fut. — futuro
imperat. — imperativo
imperf. — imperfeito

ind. — indicativo
o m. q. — o mesmo que
perf. — perfeito
pres. — presente
pret. — pretérito

NOÇÕES FUNDAMENTAIS

O **verbo** é uma palavra variável, que desempenha na oração a função de **predicado**.

Exprime o que se passa:

1. um estado permanente: O Luis **é** meu irmão.
2. um estado transitório: O dia **está** quente.
3. mudança de estado: **Cai** a noite.
4. uma acção: O cão **ladra**.

Caracteriza-se por trazer em si uma ideia temporal:

1. **Escrevo** o teu nome.
2. Camões **escreveu** *Os Lusíadas*.
3. Daqui a pouco **escreverás** melhor.

FLEXÕES (CATEGORIAS) DO VERBO

O verbo é constituído pelo radical — quase sempre invariável — e pelas terminações, que variam segundo o **modo**, o **tempo**, o **número**, a **pessoa**, a **voz** e o **aspecto**.

MODOS — designam-se por **modos** as diferentes formas que o verbo toma para indicar a **atitude da pessoa que fala**, em relação ao facto a que se refere.

São três os modos: o **indicativo**, o **conjuntivo** e o **imperativo**.

Seguindo as orientações mais actuais de alguns gramáticos brasileiros e portugueses, designaremos por **futuro do pretérito** (tempo) o tradicional **modo condicional**. A esse propósito, Celso Cunha e Lindley Cintra afirmam que «em nossa opinião, se trata, (o condicional) na verdade, de um tempo (e não de um modo) que só se distingue do Futuro do Presente por se referir a factos passados, ao passo que o último se relaciona com factos presentes. E acrescente-se que ambos aparecem nas asserções condicionadas, dependendo o emprego de um ou de outro do sentido da oração condicionante.» Exemplificando: Se sair, **levarei** o livro. Se saísse, **levaria** o livro.

1. O modo **indicativo** exprime o facto como **real**, certo: **Cantas** muito bem. **Leste** o livro? **Partirei** para Paris, amanhã.

2. O modo **conjuntivo** exprime o facto como uma **incerteza**, uma **possibilidade** ou um **desejo**: **Talvez vá** ao cinema. **Se ouvires** um pouco de música, acalmarás. Oxalá o meu amigo **chegue** bem.

3. O modo **imperativo** exprime uma ordem, um pedido, um conselho ou uma exortação: **Presta** atenção, Carlos. **Lê**-me esta carta, por favor. **Consultem** esta obra, que é interessante. **Defendamos** a Natureza!

TEMPOS — São as variações que indicam os diferentes momentos em que se pode realizar o facto indicado pelo verbo.

Os **tempos naturais** são o **presente**, o **pretérito** e o **futuro**, que exprimem, respectivamente, a acção realizada **no momento em que se fala, anterior ao momento em que se fala** e **posterior ao momento em que se fala**.

Os modos **indicativo** e **conjuntivo** contêm os três tempos naturais, ao passo que o **imperativo** apenas tem o **presente**:

Quanto à sua estrutura, os **tempos verbais** podem ser **simples** (formados por uma só palavra) e **compostos** (formados por duas ou mais palavras).

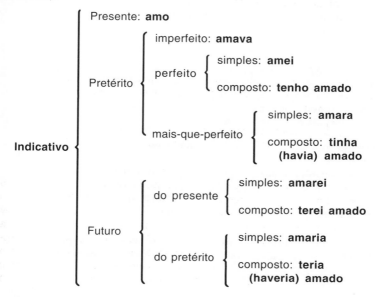

Indicativo
- Presente: **amo**
- Pretérito
  - imperfeito: **amava**
  - perfeito
    - simples: **amei**
    - composto: **tenho amado**
  - mais-que-perfeito
    - simples: **amara**
    - composto: **tinha (havia) amado**
- Futuro
  - do presente
    - simples: **amarei**
    - composto: **terei amado**
  - do pretérito
    - simples: **amaria**
    - composto: **teria (haveria) amado**

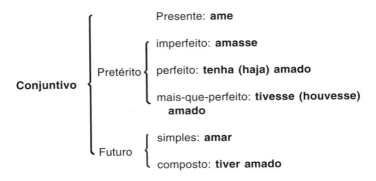

Conjuntivo
- Presente: **ame**
- Pretérito
  - imperfeito: **amasse**
  - perfeito: **tenha (haja) amado**
  - mais-que-perfeito: **tivesse (houvesse) amado**
- Futuro
  - simples: **amar**
  - composto: **tiver amado**

Imperativo { Presente: **ama**

NÚMEROS — São dois os **números** em que a forma verbal se pode apresentar: **singular** e **plural**.

O número é determinado pelo **sujeito**: consoante este estiver no singular ou no plural, assim será a forma do verbo:

singular	plural
amo	amamos
amas	amais
ama	amam

PESSOAS — O verbo tem **três pessoas**, relacionadas com as pessoas gramaticais representadas pelos pronomes pessoais.

- a **primeira pessoa** é a que fala; é representada pelos pronomes pessoais **eu** (sing.) e **nós** (pl.):

  am**o**   ama**mos**

- a **segunda pessoa** é aquela a quem se fala; é representada pelos pronomes pessoais **tu** (sing.) e **vós** (pl.):

  ama**s**   ama**is**

- a **terceira pessoa** é aquela de quem se fala; é expressa pelos pronomes pessoais **ele** ou **ela** (sing.) e **eles** ou **elas** (pl.)

  ama   ama**m**

VOZES — São as formas verbais que indicam se o sujeito do verbo é quem realiza a acção ou a sofre. Assim, temos:

- a **voz activa**, se a acção é realizada pelo sujeito: A Joana **lavou** o copo.
- a **voz passiva**, se a acção é sofrida pelo sujeito: O copo **foi lavado** pela Joana.
- a **voz reflexiva**, se a acção é realizada e sofrida pelo sujeito: A Joana **lavou-se**.

Apenas os verbos **transitivos** admitem transformação de voz: o **objecto directo** da voz **activa** é o **sujeito** da voz **passiva**, como se pode verificar no exemplo dado.

ASPECTOS — O **aspecto** designa a **categoria gramatical** que indica o ponto de vista do locutor em relação à acção expressa pelo verbo: pode cosiderá-la **concluída** no seu resultado (aspecto **perfectivo**) ou **não concluída** (aspecto **imperfectivo**):

- o **aspecto perfectivo** é representado pelo **pretérito perfeito** simples e todas as formas compostas: Já **vi** este filme. Já **tinha visto** este filme.
- o **aspecto imperfectivo** é representado pelas restantes: Agora **leio** este livro, depois **lerei** o teu. Dantes **lia** muito mais do que agora.

Para além desta distinção, podemos considerar outros valores aspectuais:

- **pontual**, se o verbo exprime um processo breve: **Acabo de comprar** este livro.
- **durativo**, se a acção se alonga no tempo: **Ando a fazer** compras.
- **incoativo**, se a acção é considerada no seu ponto inicial: **Anoitece** e o céu **salpica-se** de estrelas.
- **conclusivo**, se se dá por finda a acção: **Deixei de ler** aquele livro.

O aspecto pode ser expresso de diversas formas:

- por um sufixo: Folh**ear** (**frequentativo**); amanh**ecer** (**incoativo**).
- pela repetição da forma verbal: **Nadava, nadava**, sem descanso! (**durativo**).
- pela conjugação perifrástica: **Acabei de chegar** (**pontual**).

SINTAXE DOS MODOS E DOS TEMPOS

MODO INDICATIVO

Exprime, **em geral**, uma acção ou um estado considerados **reais** ou **certos**, quer situados no presente, quer no passado ou no futuro.

TEMPOS DO MODO INDICATIVO

Presente — O **presente do indicativo** exprime, para além do seu valor **absoluto**, um valor **relativo**:

1. o **presente momentâneo** exprime um facto **actual**, que ocorre no momento em que se fala: Já não **chove**. **Sinto**-me melhor.

2. o **presente durativo** exprime acções ou estados permanentes ou assim considerados (em definições científicas, provérbios, leis, etc.): O ozono **existe** na atmosfera em quantidade reduzida. Quem o feio **ama** bonito lhe **parece**.

3. o **presente habitual ou frequentativo** exprime acção habitual ou qualidade do sujeito: O Carlos **é** um bom aluno. **Gosto** do mar. **Vejo** pouco televisão.

4. o **presente histórico ou narrativo** confere vivacidade, expressividade a factos já passados: Imagina o que me aconteceu — **vou** a descer a rua, quando **ouço** um estrondo violento.

5. o **presente futuro**, mas **próximo**, regra geral acompanhado de advérbio: Agora **vou** ao cinema; depois **procuro-te** em casa.

Outros cambiantes são de **valor afectivo**:

1. para imprimir a ideia de **certeza** a uma **acção futura**: Podes acreditar que, se tu fores, eu também **vou**.

2. para substituir a rudeza de um **imperativo**, quando queremos pedir com delicadeza ou familiaridade, alguma coisa: Agora **estudas**, está bem?

Pretérito imperfeito — o **pretérito imperfeito**, como o seu próprio nome indica, designa um facto passado **não concluído**, isto é, sem ter em conta nem o seu início nem o seu fim (**aspecto imperfectivo**). Porque exprime essa ideia de **continuidade**, empregamo-lo nos seguintes casos:

1. para **descrever** situações passadas: Antes da construção deste bairro, **passava** aqui uma rua estreita, ladeada de árvores, que **levava** a um pequeno largo.

2. para indicar, entre acções simultâneas, a que se desenrolava quando a outra aconteceu: Quando eu **explicava** o que acontecera, eles entraram.

3. para exprimir uma acção passada habitual (**aspecto frequentativo**): Dantes, **gostava** da praia. Todos os Domingos lá **ia**. Sentava--me na esplanada e **lia** o jornal.

4. para substituir o **futuro do pretérito**: Se não me chamasses, eu não **acordava** (**acordaria**).

5. para substituir o **presente**, numa atitude de delicadeza (**imperfeito de cortesia**): **Vinha** pedir-lhe que autorizasse o Carlos a sair comigo.

Pretérito perfeito — O emprego do **pretérito perfeito simples** distingue-se, em Português, do do **pretérito perfeito composto**.

1. O **pretérito perfeito simples** é um tempo **absoluto** que indica uma acção **completamente realizada**, num tempo passado: **Deu-se** agora um acidente. Ontem **fui** ao cinema.

2. O **pretérito perfeito composto** exprime a repetição ou continuidade da acção até ao presente, isto é, sem denotar o seu fim: Agora, **tenho ido** ao cinema várias vezes.

Pretérito mais-que-perfeito — exprime uma acção passada mas **anterior** a outra também já ocorrida: Quando bateste à porta já eu **tinha acabado** de me arranjar.

Este tempo ocorre, por vezes, em textos literários, com o valor de **futuro do pretérito**: «Um pouco mais de sol - e **fora** (**teria sido**) brasa» (Mário de Sá Carneiro). Outras vezes, é utilizado em vez do **pretérito imperfeito do conjuntivo**, quer em textos literários, quer em frases exclamativas de uso corrente: Quem me **dera**! (**Quem me desse!**)

Futuro do presente simples — É um tempo **absoluto** que remete a acção para o futuro, não acabada (**aspecto imperfectivo**): Emprega-se:

1. para exprimir a **probabilidade**, a **dúvida** ou uma **suposição**: No próximo ano **estarei**, talvez, em Paris.

2. para indicar **acção futura** como **certa**: Amanhã, **irei**, então, ter contigo.

3. para substituir o **presente**, numa atitude de **cortesia**: **Pensarás** que não quero acompanhar-te, mas a verdade é que não posso.

4. para substituir o **imperativo**, para atenuar ou acentuar o tom do **pedido** ou **ordem**: Agora **ficarás** aqui, com os teus pais!

É de uso pouco corrente, preferindo-se, na linguagem coloquial, substituí-lo por formas perifrásticas: Amanhã **vou visitar** um amigo. **Havemos de discutir** o assunto. **Tens de fazer** o exame médico.

Futuro do presente composto — É um tempo **relativo**, que exprime acção futura mas acabada (**aspecto perfectivo**). Emprega-se:

1. para indicar que uma acção futura **está concluída** antes de outra: Quando chegares ao Teatro, já eu **terei comprado** os bilhetes.
2. para exprimir a **certeza** de acção futura: Descansa que, amanhã, já tudo **estará resolvido**.
3. para denotar a **incerteza** sobre factos passados: **Terá** ele **dito** alguma coisa sobre o nosso plano?

Futuro do pretérito simples — É um tempo **relativo**, que exprime uma acção futura e **não terminada, em relação** a uma **acção passada** (**aspecto imperfectivo**). Emprega-se:

1. para indicar **acção posterior** ao momento de que se fala: O Pedro disse-me que **iria** a Lisboa, depois de fazer o trabalho.
2. como expressão de **incerteza**: **Viria** ele neste avião?
3. como expressão delicada de **desejo**: **Serias** capaz de me ajudar?
4. como expressão de **surpresa** ou **indignação**: Quem te **faria** mal?
5. nas orações dependentes de uma condição que se refere a factos que não se realizaram e pouco prováveis: Se o tivéssemos convidado, ele **viria**.

Futuro do pretérito composto — É um tempo **relativo** que exprime uma acção **futura** e **concluída** (**aspecto perfectivo**) em relação a outra acção passada. Emprega-se:

1. para indicar que uma acção se teria realizado no passado mediante uma **condição**: Se tivéssemos ouvido o seu conselho **teríamos tido** oportunidade de visitar a exposição.
2. para exprimir a **possibilidade** de um facto passado: Pensei que **terias conseguido** apanhar o comboio.
3. para exprimir a **incerteza** sobre factos passados, em frases interrogativas retóricas: Quem **teria feito** tal disparate?

MODO CONJUNTIVO

Exprime o facto como **incerto**, duvidoso, eventual ou irreal.

É o modo próprio das **orações dependentes** de verbos que denotam **desejo, vontade, súplica, condição, proibição,** ou **ordem** (**desejar, querer, suplicar, lamentar, negar, ordenar, proibir,** etc.): **Quero** que me **vás** ao correio. **Lamento** que não entenda a minha recusa.

Em **orações absolutas**, ou principais, este modo transmite à acção, igualmente, um **cambiante afectivo**:

- um **desejo**: **Venha** o sol!
- uma **hipótese** ou **concessão**: Talvez te **visite**, sim.
- uma **ordem** ou **proibição**: Não **entrem**, não podem!
- uma **indignação**: Raios me **partissem**, se percebo isto!
- uma **dúvida**: Talvez **viesse**, não?

TEMPOS DO MODO CONJUNTIVO

Presente — É um tempo **relativo** que exprime uma acção não concluída (**aspecto imperfectivo**). Pode indicar:

1. um facto **presente**: Espero que **estejas** melhor de saúde.
2. um facto **futuro**: Talvez eu ainda **compre** bilhetes para o cinema.

Pretérito imperfeito — É um tempo **relativo**, que indica acção não concluída (**aspecto imperfectivo**). Pode situar o facto:

1. no **presente**: Se me **ajudasses**, tirava já o móvel daqui.
2. no **passado**: O professor nunca marcava falta, mesmo que **faltassem**.
3. no **futuro**: Se me **telefonasse** mais tarde, não me encontraria em casa.

Pretérito perfeito — É um tempo **relativo**, que indica acção supostamente concluída (**aspecto perfectivo**). Pode situá-la:

1. no **passado**: Duvido que **tenham transmitido** a informação.
2. no **futuro (concluído em relação a outro futuro)**: Espero que a chuva **tenha terminado** quando aí chegarmos.

Pretérito mais-que-perfeito — É um tempo **relativo**, que indica acção concluída (**aspecto perfectivo**). Pode exprimir:

1. acção eventualmente **anterior** a outra acção passada: Ignorava que já **tivessem chamado** a polícia, quando chegou.
2. acção **irreal** no passado: Imagina que eu **tivesse chegado** mais tarde!...

Futuro simples — É um tempo **relativo**, que indica acção eventual (**aspecto imperfectivo**), que pode situar-se:

1. no **presente**: Se **quiseres** falar, inscreve-te.
2. no **futuro**: Quando, amanhã, **receberes** o livro, empresta-mo.

Futuro composto — É um tempo **relativo** que indica acção **eventual** passada (**aspecto perfectivo**) em relação a outra acção futura e que pode situar-se:

1. no **presente**: Assim que **tiveres acabado** de falar, intervenho eu.
2. no **futuro**: Quando **tiveres deixado** de me aborrecer, compro-te os sapatos.

MODO IMPERATIVO

É o modo que utilizamos para exprimir mais um **convite**, um **conselho**, uma **exortação**, do que uma ordem (como adiante veremos). Tem apenas um te**mpo** (**absoluto**), o **presente**. Mas este **presente** tem valor de **futuro**, pois a acção expressa ainda está por realizar-se.
Em Português temos:

1. o **imperativo afirmativo**, que possui formas próprias para as duas pessoas do singular e do plural (**tu** e **vós**). Para as outras formas de tratamento (**nós**, **você** e **vocês**) recorremos às formas do **presente do conjuntivo**. Assim: **Sai!** (tu); **saí!** (vós); **saia!** (você); **saiamos** (nós).
2. o **imperativo negativo**, que não tem formas próprias e, por isso, recorre ao **presente do conjuntivo**: **Não venhas** (tu), **não falemos** (nós) alto; **não** vos **afasteis** (vós).

No **imperativo**, o indivíduo que fala dirige-se a um interlocutor, de forma directa, pelo que só admite as **segundas pessoas do singular e do plural**, ainda que com tratamentos diversos (**tu**, **você**, **o senhor**, **V. Ex.ª**, **vós**, **vocês**, **os senhores**).
Contudo, se o indivíduo que fala se quiser associar à acção expressa pelo **imperativo**, recorre à **primeira pessoa do plural** do **presente do conjuntivo**: **Falemos**, então.

Substitutos do modo imperativo — São diversos e mais expressivos:

1. uma **interjeição**: **Silêncio!**, **Fogo!** (**ordem**).
2. o **presente do indicativo**: **Dás-me** o livro, por favor? (**cortesia**).
3. o **futuro do indicativo**: **Virás** connosco, está bem? (**súplica**).
4. o **imperfeito do conjuntivo**: E se te **calasses**?! (**impaciência**).
5. o **infinitivo**: **Não fumar!** (**proibição**).
6. o **gerúndio**: **Andando!** Depressa! (com **valor depreciativo**).
7. a **perífrase**, constituída pelo **imperativo** do verbo **ir** ou **vir** e o **infinitivo** do verbo principal: Não me **vás** (não me **venhas**) **dizer** que te zangaste com a Diana!

EMPREGO DAS FORMAS NOMINAIS

As **formas nominais** são o **infinitivo**, o **gerúndio** e o **particípio**. A sua característica comum é a de não indicarem por si próprios o modo e o tempo. O seu valor temporal e modal dependem do **contexto** em que surgem.

Infinitivo — A forma do **infinitivo** representa o processo verbal **em potência**, a **ideia geral** da acção, aproximando-se do **substantivo**: Cantar é bom.

Em Português, existe o **infinitivo impessoal** — que não tem sujeito e é **invariável** — e o **infinitivo pessoal**, com sujeito próprio e que por isso se pode flexionar. É difícil distinguir o emprego de um ou de outro, pelo que se indicam, em **lugar de regras**, **normas** para orientação de um emprego distinto: Assim, usamos:

O infinitivo impessoal:
1. quando **não se refere a nenhum sujeito**: **Andar** faz bem à saúde.
2. quando tem valor de **imperativo**: **Estudar**! disse a mãe ao Pedro.
3. com valor **descritivo**: **Comer**, **dormir** e **vagabundear** era o que faziam quase diariamente.
4. para servir de **complemento**, precedido da preposição **de**, a adjectivos como **fácil**, **difícil**, **possível**, **impossível**, **raro**, etc.: És **difícil de aturar**!
5. como **complemento** de outro verbo: Quero **sair** já.
6. para formar **expressões perifrásticas**, regido das proposições **a**, **de**, **em**, **para**, **por** e precedidos de verbo auxiliar (ter, estar, ficar, etc.): Tenho **de sair**.

O infinitivo pessoal:
1. quando tem **sujeito próprio expresso** ou **implícito**: Era pouco provável **concordarem** todos com a minha sugestão. Disse-te para **fazeres** as malas, não disse?
2. na **terceira pessoa do plural**, denotando **indeterminação do sujeito**: Parece **comentarem** por aí que vais ser promovido.

Gerúndio — O **gerúndio** traduz o processo verbal **em curso** e desempenha as funções de **advérbio** (Contemplava a paisagem, **recordando** a infância ali decorrida.), ou de **adjectivo** (Os olhos, **sorrindo**, não se despregavam daquela nota.).

O gerúndio tem duas formas: uma simples (**amando**) e outra composta (**tendo amado**).

O **gerúndio simples** exprime uma **acção em curso**, que pode ser imediatamente **anterior** ou **posterior** à do verbo da oração principal. Depende esse **valor temporal**, regra geral, da sua colocação na frase. Assim:

1. Anteposto ao verbo principal, pode indicar:
- acção realizada **imediatamente antes**: E **dizendo isto**, saíu porta fora.
- acção **simultânea**: **Rindo-se**, abraçou comovidamente a mãe.

2. Colocado junto do verbo principal, indica **simultaneidade** (regra geral): Falava, **gesticulando**.

3. Colocado depois da oração principal, pode exprimir uma **acção posterior**, equivalendo a uma oração coordenada copulativa: Folheava o livro, **lendo** algumas passagens em voz alta (e **lia**...).

4. Precedido da preposição **em**, exprime com mais ênfase a **anterioridade**: **Em me vestindo**, telefono-te.

5. Nas expressões perifrásticas (com **verbos auxiliares**), tem valor **durativo**: Os dois amigos **andavam brincando** com uma bola. **Íamos conversando** pela praia.

Particípio — O **particípio** (que exprime uma acção realizada) tanto pode ter **valor verbal**, como **adjectivo**.

Como **adjectivo**, varia em género e número e não estabelece nenhuma relação temporal: Os indivíduos **suspeitos** desapareceram daqui. Com os pés **descalços** e **feridos**, caminhávamos com dificuldade. De mãos **abertas**, corria para mim.

Com valor **verbal**, emprega-se:

1. para formar os **tempos compostos**, com os auxiliares **ter** e **haver**: **Tens escrito** para Londres? Joana **havia tomado** a decisão de ficar em Lisboa.

Neste caso é **invariável**.

2. para formar a **voz passiva**, com o auxiliar **ser**: O João **foi chamado** a depor. Ficaria mais tranquila se a Rita **fosse atendida** por ti.

3. **sem auxiliar**, pode equivaler a uma oração **subordinada temporal**. O valor temporal, neste caso, só pode ser determinado pelo contexto, isto é, pelo tempo do verbo da oração subordinante. Por isso, o mesmo particípio pode exprimir:
- acção **presente**: **Consultado** o Decreto, posso responder- te.
- acção **passada**: **Consultado** o Decreto, pude responder- te.
- acção **futura**: **Consultado** o Decreto, poderei responder- te.

CONJUGAÇÕES

Designamos por **conjugações** o conjunto de todas as flexões do verbo, de **modo, tempo, número, pessoa**, e **voz**. **Conjugar** um verbo é dizê-lo em todas essas formas.

Em Português, há **três conjugações**, determinadas pela **vogal temática**.

Encontramos facilmente a **vogal temática** na forma do **infinitivo**: é a que **precede** o sufixo - **r** (conta- r, faze- r, dormi- r). Por isso indicamos a **conjugação** pela **terminação** do infinitivo do verbo.

Concluindo, temos os seguintes **tipos de conjugação**:

1.ª conjugação — a dos verbos com **infinitivo terminado** em - **ar**: and**ar**, rem**ar**, nad**ar**...

2.ª conjugação — a dos verbos com **infinitivo terminado** em - **er**: venc**er**, corr**er**, diz**er**...

3.ª conjugação — a dos verbos com **infinitivo terminado** em - **ir**: part**ir**, r**ir**, segu**ir**...

TIPOS DE CONJUGAÇÃO

Para além da **conjugação** normal dos verbos, que inclui, na **voz activa**, os tempos simples e compostos e, na **voz passiva**, o recurso aos verbos **ser, estar**, e **ficar** (vide **verbos auxiliares**), consideram-se, ainda, os seguintes **tipos de conjugações**:

1. **Conjugação pronominal**, se o verbo está conjugado com os pronomes pessoais de 3.ª pessoa, **o, a, os, as** (objecto directo).

O pronome toma as formas **lo, la, los, las** se a forma verbal que o precede termina em **r, s** ou **z** (que se suprimem): **amámo-lo; dizemo- lo; di-lo** muito bem.

Quando perdem o **r, s** ou **z**, as formas verbais **oxítonas** recebem um acento agudo, se a vogal é aberta (**dá-lo**) ou um acento circunflexo, se a vogal é semi-fechada (**perdê-lo-á; pô-los-ia**).

O pronome toma as formas **no, na, nos, nas** se a forma verbal que o precede termina em **ditongo** ou **consoante nasal**: **dão-nas, perdem-nas**.

No **futuro do presente** e no **futuro do pretérito** (de formação perifrástica), o **pronome** é colocado no interior da forma verbal, entre o **infinitivo** do verbo e as formas contraídas do verbo **haver**, que lhes deram origem: **amá-lo-ei, amá-lo-ás**, etc.; **parti-lo-ia, parti-lo-íamos**.

2. **Conjugação reflexiva**, se o verbo está conjugado com os pronomes pessoais **me, te, se** (singular), **nos, vos** e **se** (plural); (ver pág. 49).

Estes pronomes podem funcionar:

- como **objecto directo**: **Cortei-me**. **Olhou-se** no espelho. **Lavámo--nos** no rio.
- como **objecto indirecto**: Hoje, **ofereci-me** um livro.
- com valor de **reciprocidade**, quando indicam uma acção mútua de dois ou mais sujeitos: Os amigos **abraçaram-se**. **Ofendemo-nos**, sem querer.

Observações:

1.ª Distinguimos **verbo reflexivo** de **verbo pronominal**: — É **verbo reflexivo** quando podemos acrescentar-lhe, conforme a pessoa, as expressões a mim mesmo, a ti mesmo, a si mesmo. — É **verbo pronominal** quando não admite essas expressões (**apiedar-se**, **condoer-se**, **debater-se**).

2.ª Na **conjugação** destes verbos, a primeira pessoa do plural perde o **s** final, quando o pronome é enclítico: **Queixámo-nos**.

3.ª No **futuro do presente** e no **futuro do pretérito**, o pronome enclítico coloca-se entre o **infinitivo** do verbo e a forma contraída do verbo haver: **opor-me-ei, opor-te-ás, opor-se-á**, etc.; **opor-me-ia, opor--te-ias, opor-se-ia**, etc.

3. **Conjugação perifrástica**, se a conjugação é constituída por um **verbo auxiliar** (o que perdeu o seu sentido próprio) mais o **infinitivo** (precedido ou não de preposição), **gerúndio** ou **particípio** do **verbo principal**, para exprimir novos matizes de tempo ou de aspecto (ver **emprego dos verbos auxiliares**, pág. 31).

COLOCAÇÃO DOS PRONOMES ÁTONOS JUNTO DO VERBO

São pronomes átonos: *me, te, se, o(s), a(s), lhe(s), nos* e *vos*.

Em Portugal, verificam-se três possibilidades na colocação destes pronomes:

- após o verbo (**ênclise**): Vende-**me** o teu carro.
- antes do verbo (**próclise**): Alguém **te** chamou.
- no meio do verbo (**mesóclise**), apenas com as formas do *futuro presente* e *futuro perfeito do modo indicativo*:
  Ver-**nos**-emos no Verão. Ouvir-**se**-iam uns aos outros?

ÊNCLISE

1. É a regra geral, sobretudo na frase simples (ou na oração principal) **afirmativa**:

Falaste-lhe do filme?
Eu **vou buscá-lo** amanhã.

2. É obrigatório com o **infinitivo** regido da preposição *a*:

Começou **a contar-nos** a sua história.
Não fiquei **a ouvi-lo** mais.

Observações:

1. Quando os pronomes são **enclíticos**, ligam-se ao verbo por hífen.
2. Nestas circunstâncias, quer o verbo quer os pronomes *o, a, os, as* sofrem algumas alterações (ver em **conjugação pronominal** e em **conjugação reflexiva**, Obs. 2ª, págs. 22-23).

PRÓCLISE

1. Nas frases (ou orações) **negativas**:

Não lhe mostrou o rosto.
Ninguém o viu por aqui?
Baixei a voz, para **não me ouvirem**.

2. Nas frases (ou orações) interrogativas, iniciadas por **pronomes** ou **advérbios interrogativos**:

Quem nos chamou?
Como lhes dão as regras?
Por que as fizeram assim?

3. Se o verbo vem precedido de certos **advérbios** (*ainda, já, bem, mal, talvez, sempre, só*, etc.):

Ainda lhes disse adeus.
Sempre as admirei muito.
Só se vêem deste lado.

4. Nas frases (ou orações) que exprimem **desejo**:

Oxalá vos chamem!
Deus te perdoe, que eu não posso!

5. Nas orações **subordinadas**:

Não lhes falou, **embora as conhecesse**.
Se te convidarem, vai.

6. Quando **o sujeito** do verbo é um **pronome indefinido** (*alguém, qualquer, tudo, todos*, etc.) ou o numeral **ambos**:

Alguém me indicará o caminho.
Ambos lhe deram os parabéns.

7. Nas orações **alternativas**:

Ou a avisamos ou ela **se esquece**.

8. Com o **gerúndio** antecedido da preposição *em*:

Em o lendo, empresto-to.

MESÓCLISE

Como acima se observou, a mesóclise só acontece quando o verbo está no **futuro do presente** ou do **pretérito** (modo indicativo). O pronome é colocado no interior da forma verbal, entre o infinitivo e as formas contraídas do verbo haver, que lhes deram origem.

É de uso, regra geral, na frase simples (ou oração principal) **afirmativa**:

Avisar-vos-emos, chegado o momento.

Observação: Também se usa a **próclise**, sobretudo se o verbo é precedido, enfaticamente, por um pronome pessoal sujeito:

Nós vos avisaremos, chegado o momento.

No Brasil, sobretudo na linguagem coloquial, é mais comum a **próclise**:

1. Mesmo a iniciar frases, especialmente com o pronome *me*:
Me dê a sacola; eu ajudo você.

2. Nas frases simples, e nas orações principais e coordenadas:
Eu **o espero** aqui, sim, senhor.

3. Junto ao verbo principal, nas locuções verbais:
Por que você veio **me buscar**?

CLASSIFICAÇÃO DOS VERBOS

I. Quanto à **flexão**, os verbos podem ser **regulares, irregulares, defectivos** e **abundantes**.

1. São **regulares** os verbos que **não apresentam alterações**, seja no **radical**, seja na **flexão**. Conjugam-se de acordo com **modelos (paradigmas)** que representam o **tipo comum** da conjugação. Podemos tomar como **paradigmas** os verbos **andar, viver**, e **partir**, que representam, respectivamente, a **1.ª**, a **2.ª** e a **3.ª conjugações**.

2. São **irregulares** os verbos que se afastam do paradigma da sua conjugação, seja no **radical** (tra**z**er, tra**g**o, trou**x**e, tra**r**ia), seja nas **terminações** (**querer**: qui**s**, no pretérito perfeito). A maior parte das irregularidades verificam-se no pretérito perfeito simples. Outras manifestam-se na primeira pessoa do presente do indicativo e outras, ainda, no particípio.

Assim, num verbo irregular nem todas as formas são irregulares. Regra geral, à excepção dos verbos **ser, estar, saber, dar, haver, querer** e **ir**, as irregularidades verificam-se por grupos de tempos ou temas. São **três** os grupos a considerar:

a) Ao tema do **presente** pertencem o **presente do indicativo**, o **presente do conjuntivo** e o **presente do imperativo**.

b) Ao tema do **pretérito** pertencem o pretérito **perfeito do indicativo**, o pretérito **mais-que-perfeito do indicativo**, o pretérito **imperfeito do conjuntivo** e o **futuro do conjuntivo**.

c) Ao tema do **futuro** pertencem o **futuro** do **presente** e o **futuro** do **pretérito**, ambos do **modo indicativo**.

Por essa razão, observando as formas do **presente**, do **pretérito perfeito** e do **futuro** do modo **indicativo**, verifica-se se o verbo é regular ou irregular e como conjugá-lo nos tempos de cada um dos grupos.

A Nomenclatura Gramatical Brasileira considera **anómalos** os verbos que apresentam grandes irregularidades, como **ser, ter, ir** e **pôr**.

3. São **defectivos** aqueles que não têm algumas formas ou flexões. Normalmente, as gramáticas subdividem os **defectivos** em: **pessoais** (**abolir, falir**), **unipessoais** (**ladrar, zumbir**) e **impessoais** (**nevar, amanhecer**).

4. São **verbos abundantes** os que possuem duas ou mais formas equivalentes, como os que têm dois particípios (**libertar: libertado** e **liberto, cativar: cativado** e **cativo**).

II. Quanto à **função**, os verbos podem ser **principais** e **auxiliares**.

1. **Verbos principais** são aqueles que se utilizam com significação plena e são o núcleo da oração: O João **partiu** para Coimbra. Hoje **há** um concerto na Sé de Lisboa.

2. **Verbos auxiliares** são os que juntamos a verbos principais para constituirmos locuções verbais, que ganham significações particulares: Quando cheguei a casa do João, já ele **tinha partido** para Coimbra. **Há-de haver** dois dias que o João partiu. O cão **está a ladrar**. A notícia **foi ouvida** por muita gente.

Os verbos que têm, mais frequentemente, a função de auxiliares são **ter**, **haver**, **ser** e **estar**.

III. Quanto à **sintaxe**, o verbo pode ter outras classificações:

1. **Verbos de ligação** ou **copulativos** são os que servem para unir o **sujeito** com o seu **predicativo**, na oração. Por si, não acrescentam uma ideia nova ao sujeito, pelo que se designam, ainda, por **verbos de significação indefinida**: Este livro **é** muito bom, **é** uma obra-prima. **Estou** feliz. **Andamos** todos cansados. **Fiquei** espantada com a notícia. O professor **continua** doente. A porta **permanece** fechada.

Contudo, exceptuando o verbo **ser**, os outros verbos tanto podem ser **copulativos**, como **significativos**, dependendo esse valor da construção sintáctica. Com efeito, são **significativos** nos seguintes exemplos: O aluno **está** na aula. A rosa **ficou** sobre a mesa. Pedro **continua** o trabalho. A polícia **permanece** no local.

2. **Verbos significativos** são os verbos que constituem o núcleo do predicado e acrescentam uma ideia nova ao sujeito. Podem ser **intransitivos** e **transitivos**:

2.1 **Verbo intransitivo** é aquele cuja acção não vai além do verbo: As crianças **brincam** no jardim. **Neva** na Serra da Estrela. As andorinhas já **chegaram**.

2.2 **Verbo transitivo** é aquele cuja acção se transmite a outros elementos (nomes ou pronomes) que lhe completam o sentido.Pode ser **transitivo directo**, **transitivo indirecto** ou, mesmo, **transitivo directo e indirecto**.

É transitivo directo o verbo cuja acção transita para outro elemento sem auxílio de preposição: Aquele homem **fala** uma língua estranha. Eu **vi** esse filme. Maria, **desce** a persiana («uma língua estranha», «esse filme» e «persiana» são o **complemento** ou **objecto directo** do verbo que os precede).

É transitivo indirecto o verbo cuja acção se transmite a outros elementos através da preposição **a**: Cristo **falava aos** apóstolos. **Amo a**

meus pais como **a** ninguém mais. A jovem **sorriu às** amigas («aos apóstolos», «a meus pais», «a ninguém mais», «às amigas», são o **complemento** ou **objecto indirecto** do verbo que os precede).

É transitivo directo e indirecto aquele que se constrói simultaneamente com o **objecto directo** e **objecto indirecto**: O professor **pediu** silêncio aos alunos.

O mesmo verbo pode ser: **intransitivo**: Aquele rapaz não **fala**. Ou **transitivo**: Eu **falo** inglês (**directo**). Não **falo à** Joana (**indirecto**).

IRREGULARIDADE VERBAL

A irregularidade de um verbo pode encontrar-se nas **desinências** ou no **radical**. Um verbo irregular pode apresentar formas regulares.

Para ver se um verbo é regular ou irregular, basta observar as formas do **presente**, do **pretérito perfeito** e do **futuro** do **indicativo** e do **presente** do **conjuntivo**. Desta forma, também se pode saber como conjugar esse verbo nas formas derivadas dos tempos atrás referidos.

Para além das chamadas irregularidades verbais, verificam-se algumas particularidades no **radical** de verbos regulares e que não devemos confundir com as primeiras. Chamar-lhes-emos **discordâncias gráficas** e **alterações fonéticas**, consoante os casos (que adiante descreveremos).

DISCORDÂNCIAS GRÁFICAS

1. Nos verbos da **1.ª conjugação**, cujos radicais terminem em **-c**, **-ç** e **-g**, estas letras mudam, respectivamente, para **-qu**, **-c** e **-gu**, sempre que se lhes siga um **-e**:

marcar	marque	marquei
maçar	mace	macei
carregar	carregue	carreguei

2. Nos verbos da **2.ª** e da **3.ª conjugação**, cujos radicais terminem em **-c**, **-g** e **-gu**, estas letras mudam para **-ç**, **-j** e **g**, respectivamente, sempre que se lhes siga um **-o** ou um **-a**:

obedecer	obedeço	obedeça
ranger	ranjo	ranja
erguer	ergo	erga
fingir	finjo	finja
distinguir	distingo	distinga

ALTERAÇÕES FONÉTICAS

Em muitos verbos, a **vogal tónica** do radical sofre uma alteração de timbre sob a influência da vogal átona da desinência. Esta alteração produz uma alternância vocálica (que é mais frequente nos verbos da 3.ª conjugação).

1. Se a vogal do radical é **a** (**oral**), seja qual for a conjugação, aquela apresenta o timbre aberto quando é tónica: no **presente do indicativo, presente do conjuntivo** e **imperativo afirmativo e negativo**. Ex.: **lavar** (ver pág. 58), b**a**ter, p**a**rtir, etc.

2. Nos verbos da **1.ª conjugação** que têm um **e** ou um **o** (**orais**) fechados na sílaba imediatamente anterior à terminação (**-ar**) do infinitivo, essas vogais **abrem** nas formas em que são **tónicas**: no **presente do indicativo, presente do conjuntivo, imperativo afirmativo** e **imperativo negativo**. Ex.: **levar** (ver pág. 59), p**e**scar, inter**e**ssar, **cobrar** (ver pág. 56), **o**lhar, etc.

Obs. — 1.ª Contudo, quando a vogal **e** (acima referida) é seguida de **ch, lh, j** ou de consoante nasal articulada (**m, n** ou **nh,**) passa a semi--fechada. Ex.: **fechar** (ver pág. 57), des**e**jar, assem**e**lhar, alg**e**mar, cond**e**nar, desemp**e**nhar, etc. O mesmo acontece com o verbo **chegar** e seus derivados (*achegar, aconchegar, conchegar*, etc.).
Conjugam-se, porém, como **levar** os verbos **embrechar, frechar, invejar** e **vexar**.
2.ª Quando a vogal **o** (referida em 2.) é seguida de consoante nasal articulada (**m**, ou **nh**), passa a semi-fechada. Ex.: embr**o**mar, emoci**o**nar, s**o**nhar, etc.

3. Nos verbos da **2.ª conjugação** que têm um **e** ou um **o** fechados na sílaba imediatamente anterior à terminação (**-er**) do infinitivo, essas vogais mudam de timbre quando são **tónicas**:

a) são **semi-fechadas** na 1.ª pessoa do **presente do indicativo**, nas três pessoas do singular e na 3.ª do plural do **presente do conjuntivo** e nas formas do **imperativo** derivadas do presente do conjuntivo;
b) são **abertas** nas 2.ª e 3.ª pessoas do singular e 3.ª do plural do **presente do indicativo** e na 2.ª pessoa do singular do **imperativo afirmativo**.
Ex.: **dever** (ver pág. 61), mer**e**cer, b**e**ber, **mover** (ver pág. 63), cor-rer, etc.

4. Em certos verbos da **3.ª conjugação**, o **e** fechado da sílaba imediatamente anterior à terminação (**-ir**) do infinitivo transforma-se em

i na 1.ª pessoa do **presente do indicativo**, em todas as pessoas do **presente do conjuntivo** e nas formas do **imperativo** derivadas do presente do conjuntivo. Ex.: ad**e**rir, adv**e**rtir, af**e**rir, comp**e**tir, conf**e**rir, conv**e**rgir, d**e**spir, dig**e**rir, f**e**rir, ins**e**rir, m**e**ntir, pref**e**rir, refl**e**ctir, rep**e**tir, seguir, s**e**ntir, **servir** (ver pág. 68), sug**e**rir, v**e**stir, etc.

5. Noutros verbos da **3.ª conjugação**, esse mesmo **e** acima referido transforma-se em **i** nas três pessoas do singular e na 3.ª do plural do **presente do indicativo**, em todas as pessoas do **presente do conjuntivo**, na 2.ª pessoa do singular do **imperativo afirmativo** e em todas as outras formas deste modo, derivadas do presente do conjuntivo. Ex.: **agredir** (ver pág. 64), progr**e**dir, transgr**e**dir, prev**e**nir, etc.

6. Nos verbos da **3.ª conjugação** que têm um **o** fechado na sílaba imediatamente anterior à terminação (**-ir**) do infinitivo, essa vogal sofre as seguintes alterações:

a) é substituída por **u** na 1.ª pessoa do singular do **presente do indicativo**, em todas as formas do **presente do conjuntivo** e nas formas do **imperativo** derivadas do presente do conjuntivo;

b) **abre** nas 2.ª e 3.ª pessoas do singular e 3.ª do plural do **presente do indicativo** e na 2.ª pessoa do singular do **imperativo afirmativo**. Ex.: c**o**brir, **dormir** (ver pág. 65), eng**o**lir, t**o**ssir, etc.

7. Nos verbos da **3.ª conjugação**, cujos radicais têm um **u** na sílaba imediatamente anterior à terminação (**-ir**) do infinitivo, essa vogal transforma-se em **o** semi-aberto nas 2.ª e 3.ª pessoas do singular e 3.ª pessoa do plural do **presente do indicativo** e na 2.ª pessoa do singular do **imperativo afirmativo**. Assim se conjugam os verbos ac**u**dir, b**u**lir, c**u**spir, f**u**gir, sac**u**dir, **subir** (ver pág. 69) e s**u**mir.

Obs. — Conservam, todavia, o **u** do radical em toda a conjugação os seguintes verbos: **aludir, assumir, curtir, iludir, presumir, punir, resumir, urdir** (e seus derivados), entre outros.

8. Em alguns verbos da **3.ª conjugação**, cujos radicais têm um **i** na sílaba imediatamente anterior à terminação (**-ir**) do infinitivo, essa vogal transforma-se em **e** semi-aberto nas mesmas formas que as citadas em 6. É o caso, por exemplo, de **frigir** (ver pág. 66).

OUTRAS PARTICULARIDADES / IRREGULARIDADES

1. Verbos terminados em **-ear**:

Conservam em toda a conjugação o **e** que precede a terminação (**-ar**) do infinitivo, mas acrescenta-se-lhe um **i** quando é tónico: nas três pessoas do singular e na 3.ª do plural do **presente do indicativo** e do **conjuntivo**, na 2.ª pessoa do singular do **imperativo afirmativo** e, ainda, no **imperativo negativo**:

passear (ver pág. 75) — passeio, passeias, passeia, passeiam,
passeie, passeies, passeie, passeiem
passeia, não passeies

2. Verbos terminados em **-iar**:

São **regulares**, excepto os verbos **ansiar, incendiar** (ver pág. 74), **mediar, odiar** e **remediar**, que seguem o modelo de conjugação dos verbos em **-ear**:

ansiar — anseio, anseias, anseia, anseiam

Obs. — Há, contudo, alguns verbos que não seguem uma norma fixa: tanto seguem o modelo de **ansiar**, como a regra geral. São exemplos: **agenciar, cadenciar, comerciar, diligenciar, licenciar, negociar, obsequiar, premiar, presenciar** e **sentenciar**.

premiar — premeio ou premio
premeie ou premie

3. Verbos terminados em **-oar** e **-uar**:

São **regulares**, ainda que na pronúncia possa parecer que se intercala um **i** nas três pessoas do singular do **presente do conjuntivo**, bem como nas formas do **imperativo** derivadas daquele tempo:

perdoar (ver pág. 60) — perdoe, perdoes, perdoe
habituar — habitue, habitues, habitue

4. Verbos terminados em **-oiar**:

O ditongo **oi** é acentuado graficamente nas formas em que é **tónico e aberto**:

boiar (ver pág. 55) — bóio, bóias, bóia, boiamos, boiais, bóiam.

Obs. — O verbo **apoiar** conserva o ditongo **semi-fechado** em toda a conjugação.

5. Verbos terminados em **-oer**:

A vogal **o** que precede a terminação (**-er**) do infinitivo passa a ditongo aberto (**ói**) nas 2.ª e 3.ª pessoas do singular do **presente do indicativo** e na 2.ª pessoa do singular do **imperativo afirmativo** — mas não na 3.ª pessoa do plural do presente do indicativo, ainda que assim pareça na pronúncia:

moer (ver pág. 62) — m**ói**s, m**ói**, mo**e**m (não *móiem*)

6. Verbos terminados em **-air**:

Mantêm o **i** do tema em toda a conjugação, excepto na 3.ª pessoa do plural do **presente do indicativo**. Ex.: atr**air**, c**air**, s**air** (ver pág. 93), etc.

sair — sa**i**o, sa**i**s, sa**i**, sa**í**mos, sa**í**s, sa**e**m

7. Verbos terminados em **-uir**:

Mantêm o **i** do tema nas 2.ª e 3.ª pessoas do singular do **presente do indicativo** e na 2.ª pessoa do singular do **imperativo afirmativo** — mas não na 3.ª pessoa do plural do presente do indicativo, ainda que possa dar essa ideia na pronúncia:

influir (ver pág. 67) — influ**i**s, influ**i**, influ**e**m

Obs. — Os verbos **construir, destruir** e **reconstruir** podem alterar o **u** em **o** nas 2.ª e 3.ª pessoas do singular e 3.ª do plural do **presente do indicativo** e na 2.ª pessoa do singular do **imperativo afirmativo**:

construir — constru**i**s ou constr**ói**s, constru**i** ou constr**ói**

8. Verbos terminados em **-uzir**:

Perdem o **e** final na 3.ª pessoa do singular do **presente do indicativo** e podem perdê-lo ou mantê-lo na 2.ª pessoa do singular do **imperativo afirmativo**:

seduzir (ver pág. 94) — sedu**z**

                         sedu**z** ou seduze

Obs. — O mesmo acontece nos verbos **dizer, fazer, jazer, prazer, trazer** e seus derivados:

fazer (ver pág. 78) — fa**z**

                      fa**z** ou faze

dizer (ver pág. 77) — di**z**

                      di**z** ou dize

EMPREGO DOS VERBOS AUXILIARES

Ter e **haver** empregam-se:

1. com o **particípio** do verbo principal, para formar os tempos compostos da **voz activa**: O Jorge **tem andado** pensativo. Alguém **havia dado** já a informação.

2. com o **infinitivo** do verbo principal precedido da preposição **de**, para indicar a **necessidade**, a firme **intenção** ou **obrigatoriedade** da acção: **Tens de ajudar** o teu colega. **Havemos de ir** ver o Luis.

Ser emprega-se com o particípio dos verbos transitivos para formar os tempos da **voz passiva**: **Todos seremos beneficiados** por esta lei.

Estar emprega-se:

1. com o **particípio** do verbo principal, para formar os tempos da **voz passiva** de estado: O público **estava impressionado** com o espectáculo. **Estou comovida** com o teu sucesso.

2. com o **infinitivo** do verbo principal precedido da preposição **a** para exprimir acção **durativa**: **Estávamos a conversar**, quando chegaste.

3. com o **infinitivo** do verbo principal precedido da preposição **para**, para indicar a **intenção** de realizar a acção ou a **iminência** da mesma: **Estava para sair**, mas já não saio. Agora **estou para fechar** o negócio.

4. com o **infinitivo** do verbo principal antecedido da preposição **por**, para indicar que está (ou esteve) por fazer algo que já deveria ter sido realizado: O texto **está por redigir**. O texto **esteve por redigir** durante muito tempo.

5. com o **gerúndio**, para exprimir o aspecto **durativo** da acção. **Estava fazendo** as contas, quando me chamaram. Esta é a construção preferida no Brasil.

Outros verbos, ainda, podem funcionar como **auxiliares**, quer com o **infinitivo**, quer com o **gerúndio** de um verbo principal, para indicar **aspectos** do desenvolvimento da acção, tais como:

Ir emprega-se:

1. com o **infinitivo**, para indicar a firme **intenção** de realizar a acção ou a **proximidade** da sua realização: **Vou responder** à carta. O Carlos **foi chamar** o médico.

2. com o **gerúndio**, para indicar a realização **progressiva** e **reiterativa** da acção: **Vamos andando** para a estação. Ele **vai estudando** alguma coisa.

Vir emprega-se:
1. com o **infinitivo**, para indicar **intenção** de realizar a acção ou **movimento** em direcção a determinado fim: **Vim ajudar-te**. Vocês **vieram alterar** os meus projectos.
2. com o **infinitivo** precedido da preposição **a**, para exprimir **o resultado** da acção: Os meus pais **vieram a descobrir** o teu paradeiro.
3. com o **infinitivo** precedido da preposição **de**, para indicar o **fim** recente da acção: Vimos de **jantar** com amigos.
4. com o **gerúndio**, para exprimir o aspecto **gradativo** e **reiterativo** da acção: A neve **vem cobrindo** os cumes da serra. Os alunos **vinham falando** do problema.
Esta é a construção preferida no Brasil.

Andar emprega-se:
1. com o **infinitivo** precedido da preposição **a**: **Andam a construir** uma casa.
2. com o **gerúndio**: **Andaram limpando** as ruas. Em ambas as locuções se exprime o aspecto **durativo**. A construção do verbo **andar** (ou **estar**) com **gerúndio** é mais comum no Brasil, no Alentejo e Algarve, ao passo que o português padrão prefere a construção com o **infinitivo** precedido da preposição **a**.

Ficar emprega-se:
1. com o **particípio** para formar a **voz passiva** indicadora de **mudança** de estado: **Ficou ofendido** com a tua resposta.
2. com o **infinitivo** antecedido da preposição **a**, para indicar aspecto **durativo**: **Ficámos a conversar** pela noite dentro.
3. com o **infinitivo** precedido da preposição **por**, para indicar que uma acção que devia ter sido realizada não o foi: A lista das compras **ficou por fazer**.
4. com o **gerúndio**, para exprimir o mesmo valor **durativo**: **Ficam passeando** pela praia.
Esta é a construção preferida no Brasil.

Acabar emprega-se:
1. com o **infinitivo** precedido da preposição **de**, para indicar uma acção acabada de concluir: **Acabaram de chegar** do Porto.
2. com o **infinitivo** precedido da preposição **por**, para indicar uma decisão tomada: **Acabei por escolher** um romance.
No Brasil, prefere-se, em vez desta construção, fazer seguir o verbo auxiliar de um **gerúndio**: **Acabei escolhendo** um romance.

SINTAXE DO VERBO HAVER

1. O verbo **haver** emprega-se em todas as pessoas:

- quando é **auxiliar** (equivalendo a **ter**) de um **verbo pessoal**:

a) seja com o **particípio**: Maria **havia comprado** o livro tão desejado. Esta construção é mais comum no Brasil. Em Portugal, prefere-se o auxiliar **ter**.

b) seja com o **infinitivo** antecedido da preposição **de**: **Havemos de ir** ao teatro. Não **hão-de faltar** lugares.

- quando é **verbo principal**, com forma reflexiva, significando «ajustar contas», «entender-se»: Zangado, o meu pai disse-me que **me houvesse** com a polícia.
- na expressão **haver mister**, que significa «necessitar»: **Havemos mister** de ajuda. Não é de uso muito corrente.
- na expressão **haver por bem**, que significa «considerar conveniente», «resolver»: O professor **houve por bem** mudar o teste. Todos nós **havíamos por bem** que se fizesse a experiência.

2. Emprega-se como **impessoal**:

- quando significa «existir». Estes dois verbos (**haver** e **existir**), ainda que sinónimos, têm sintaxes opostas: **Haver** — é **impessoal** e **transitivo**. O nome (ou pronome) que o segue é objecto directo: — **Há** muitas laranjas no cesto. **Há**-as grandes e pequenas. **Existir** — é **pessoal** e **intransitivo**. O nome (ou pronome) que o acompanha é sujeito: **Existem** muitas lojas nesta rua. Elas **existem** porque são precisas. As locuções em que o verbo **haver** (significando «existir») vem precedido do verbo auxiliar são, também, **impessoais**: **Pode haver** muitas pessoas sem bilhete para o espectáculo. **Devia haver** mais livros na biblioteca.
- quando indica tempo decorrido: **Há** muitos anos que não te via.

CONCORDÂNCIA DO VERBO COM O SUJEITO

I. **Com um só sujeito**.

Regra geral — o verbo **concorda** em **número** e **pessoa**: O aluno **estuda**. Os alunos **estudam**. Nós **estudamos**. Vocês **estudam**.

Casos particulares:

Expressão partitiva (**a maior parte de, metade de, o resto de**, etc.) com um nome ou pronome no plural — o verbo pode ir para o **singular** ou **plural**: **A maior parte dos livros são** caros. **A maior parte de nós viu** o filme. **O resto das flores murchou** (ou **murcharam**).

Quantidade aproximada (**cerca de, mais de, menos de** seguida de **número plural**) — o verbo vai para o **plural**: **Cerca de duzentas pessoas assistiram** ao içar da bandeira. **Foram contemplados menos de vinte** concorrentes.

Pronome relativo que:

1. o verbo **concorda em número e pessoa** com o antecedente do pronome: **O livro que comprei** é de autor português. Sou **eu que vou** buscá-lo. Fomos **nós que o propusemos**.
2. se o antecedente é pronome demonstrativo, o verbo pode concordar com o pronome pessoal sujeito: Fomos **nós os que conseguimos** achar a solução.
Ou concordar com o demonstrativo, indo para a 3.ª pessoa: És tu **aquele que** mais **sabe** do assunto.
3. se o antecedente é **um dos** , **uma das**, seguido de **nome** (no **plural**), o verbo vai para a 3.ª pessoa do plural (mais frequentemente): **Uma das afirmações que** mais me **comoveram** foi...

Pronome relativo quem:

1. O verbo vai, regra geral, para a **3.ª pessoa do singular**: Fui **eu quem pediu** silêncio. Agora és **tu quem fala**.

2. Mais rara é a concordância do verbo com o antecedente de **quem**: Fomos **nós quem pedimos** a audiência (construção mais popular).

Pronome interrogativo, **demonstrativo** ou **indefinido** seguido de expressões como **de nós**, **de vós**, **de vocês**, **dentre nós**, **dentre vós**:

1. se o pronome (interrogativo, demonstrativo ou indefinido) estiver no **singular**, o verbo vai para a **3.ª pessoa do singular**: **Qual de vocês estava** presente? **Nenhum de nós disse** nada.

2. se esses pronomes estiverem no **plural**, o verbo pode ir para a **3.ª pessoa do plural**, ou concordar com o pronome pessoal que designa o todo: **Quantos de nós querem** o jornal? **Quantos de vós não sois** sonhadores? **Muitos de nós adoptámos** a ideia. **Alguns dentre nós manifestaram-se.**

Títulos de obras e **nomes de lugar**, com forma de plural:

1. levam o verbo para o **singular**, se não forem precedidos de artigo: **Nus e Suplicantes retrata** tipos de ambientes cosmopolitas. **Fornos de Algodres é** uma belíssima vila do distrito da Guarda.

2. levam o verbo para o **plural**, se vêm antecedidos do artigo: **Os Lusíadas cantam** «o peito ilustre lusitano». **Os Estados Unidos influenciam** a política mundial.

Sujeito indeterminado: ·

1. o verbo vai para a 3.ª pessoa do **plural**: **Dizem** que vais para Paris.
2. o verbo vai para a 3.ª pessoa do **singular**, se o sujeito indeterminado é representado pelo pronome **se**: **Diz-se** que vais para Paris.

II. **Com mais de um sujeito.**

Regra geral — o verbo que tem **sujeito composto** vai para o **plural**:

1. para a **1.ª pessoa do plural**, se entre os sujeitos houver um da 1.ª pessoa: **Eu e tu somos** os primeiros.

2. para a **2.ª pessoa do plural**, se entre os sujeitos houver uma 2.ª pessoa (e não existir sujeito de 1.ª pessoa): **Tu e os teus irmãos sereis** bem recebidos.

Contudo, o verbo pode ir para a 3.ª pessoa, tendo em conta que a 2.ª pessoa do plural pode ser representada pelo tratamento **vocês**, em vez de vós: **Tu e os teus irmãos serão** bem recebidos.

3. para a **3.ª pessoa do plural**, se os sujeitos forem da 3.ª pessoa: **O João e a Teresa podem** ficar aqui.

Casos particulares

Concordância com o sujeito mais próximo — o verbo pode concordar com o sujeito mais próximo:

1. quando os sujeitos são sinónimos: **A melancolia, a tristeza** numa criança **perturba**-me.
2. quando os sujeitos vêm depois do verbo: **responda o Pedro e o João**!

Sujeitos resumidos por um pronome indefinido — quando os sujeitos são resumidos por um pronome indefinido (como **tudo, nada, ninguém**), o verbo fica na 3.ª **pessoa do singular**: Luz, cor, movimento, **tudo era** sensacional. Alunos e professores **ninguém dizia** nada.

Sujeitos ligados por **ou** e por **nem** — se o sujeito é composto por substantivos (no singular) ligados por estas conjunções:

1. o verbo vai, geralmente, para o **plural**, sobretudo se o facto expresso por ele pode ser atribuído a todos os sujeitos: **A Rita ou a Susana são** alunas pontuais. Nem **o cão nem o gato** me **incomodam**.
2. contudo, o verbo pode ir para o **singular**, se o facto expresso pelo verbo só pode ser atribuído a um dos sujeitos: **O peixe ou o vinho fez-me mal**.

Formas de tratamento — A este propósito, é importante ter em conta que, no português contemporâneo, há várias formas de tratamento que, embora designem a **2ª pessoa**, do singular ou do plural, levam o verbo para a **3ª pessoa**, do singular ou do plural, respectivamente. É o caso, por exemplo, das formas pronominais **você** e **vocês**, de uso corrente.

1. Em Portugal, o tratamento por **tu** é o que traduz intimidade entre os interlocutores. É usado entre familiares, amigos ou colegas de trabalho: (Tu) **vais** ao cinema, hoje!

A forma pronominal **você** traduz um certo distanciamento (de idade, relação ou hierarquia), representando um tratamento igualitário ou de superior para inferior: (Você) **vai** responder-lhe?

No Brasil, o tratamento por **tu** é localizado, apenas em algumas regiões. **Você** é a forma utilizada pela maioria dos falantes e com valor de tratamento familiar, igualitário ou de superior para inferior.

2. Para a **2ª** pessoa do plural, está praticamente caído em desuso o tratamento por **vós**. Generalizou-se, quer em Portugal, quer no Brasil, a forma pronominal **vocês**, como forma de tratamento familiar ou de superior para inferior: Enquanto **vocês conversam**, eu vou lendo o jornal.

3. Para a representação da **1ª pessoa do plural**, é frequente a substituição do pronome pessoal **nós** pela expressão **a gente**, na linguagem coloquial. Também neste caso, o verbo vai para a **3ª pessoa** (do singular): **A gente** bem te **avisou** que vinha mau tempo!

Concordância do verbo ser

1. Por vezes, o verbo **ser** concorda com o **predicativo**:

- nas orações iniciadas pelos pronomes interrogativos **que?** e **quem?**: **Que são beldroegas? Quem são os teus amigos?**
- quando o **sujeito** do verbo **ser** é o pronome demonstrativo neutro (**isto**, **isso**, **aquilo**, **o**) e o **predicativo** é um nome no **plural: Isso são rosas** na tua vida. **Aquilo são amores** de Verão!
- quando o **sujeito** tem um sentido **colectivo** (**o resto**, **o mais**): **O resto são** cantigas!
- nas **orações impessoais**, com sentido temporal: **São três horas** da tarde.

2. Contudo, se o **sujeito** for nome de pessoa ou pronome pessoal, o verbo concorda, regra geral, com ele, seja qual for o número do predicativo: **O Pedro é** todo gestos e sorrisos. **Nós somos** a alegria da casa.

Observação: a expressão de realce **é que** — que é invariável e se coloca entre o sujeito e o verbo — não altera a regra geral de concordância: **Eu é que falo. Tu é que és** o candidato? **Nós é que fizemos** a comunicação.

VERBOS CONJUGADOS

VERBOS AUXILIARES

Verbo TER (auxiliar) — To HAVE

MODO INDICATIVO		MODO CONJUNTIVO	
Tempos simples	Tempos compostos	Tempos simples	Tempos compostos
Presente		**Presente**	
tenho		tenha	
tens		tenhas	
tem		tenha	
temos		tenhamos	
tendes		tenhais	
têm		tenham	
Pretérito imperfeito		**Pretérito imperfeito**	
tinha		tivesse	
tinhas		tivesses	
tinha		tivesse	
tínhamos		tivéssemos	
tínheis		tivésseis	
tínham		tivessem	
Pretérito perfeito		**Pretérito perfeito**	
tive			
tiveste			
teve			
tivemos			
tivestes			
tiveram			
Pretérito mais-que-perfeito		**Pretérito mais-que-perfeito**	
tivera			
tiveras			
tivera			
tivéramos			
tivéreis			
tiveram			
Futuro do presente		**Futuro**	
terei		tiver	
terás		tiveres	
terá		tiver	
teremos		tivermos	
tereis		tiverdes	
terão		tiverem	

Futuro do pretérito
teria
terias
teria
teríamos
teríeis
teriam

FORMAS NOMINAIS

Infinitivo impessoal

ter

Infinitivo pessoal

ter
teres
ter
termos
terdes
terem

MODO IMPERATIVO	
Afirmativo	**Negativo**
tem (tu)	não tenhas
tenha (você)	não tenha
tenhamos (nós)	não tenhamos
tende (vós)	não tenhais
tenham (vocês)	não tenham

Gerúndio

tendo

Particípio

tido

Obs. — 1. As formas compostas não se utilizam quando o verbo **ter** é auxiliar dos tempos compostos de outros verbos. 2. Como **ter**, conjugam-se todos os seus derivados: **abster-se, ater-se, conter, deter, entreter, obter, reter** e **suster**. Apenas se distinguem a 2.ª e a 3.ª pessoas do singular do presente do indicativo e a 2.ª do singular do imperativo afirmativo por serem acentuadas graficamente na última sílaba (**deténs, detém, detém tu**), de acordo com as regras ortográficas vigentes.

Verbo HAVER (auxiliar) *To HAVE*

MODO INDICATIVO		MODO CONJUNTIVO	
Tempos simples	Tempos compostos	Tempos simples	Tempos compostos
Presente		**Presente**	
hei		haja	
hás		hajas	
há		haja	
havemos		hajamos	
haveis		hajais	
hão		hajam	
Pretérito imperfeito		**Pretérito imperfeito**	
havia		houvesse	
havias		houvesses	
havia		houvesse	
havíamos		houvéssemos	
havíeis		houvésseis	
haviam		houvessem	
Pretérito perfeito		**Pretérito perfeito**	
houve			
houveste			
houve			
houvemos			
houvestes			
houveram			
Pretérito mais-que-perfeito		**Pretérito mais-que-perfeito**	
houvera			
houveras			
houvera			
houvéramos			
houvéreis			
houveram			
Futuro do presente		**Futuro**	
haverei		houver	
haverás		houveres	
haverá		houver	
haveremos		houvermos	
havereis		houverdes	
haverão		houverem	
Futuro do pretérito		**FORMAS NOMINAIS**	
haveria		**Infinitivo impessoal**	
haverias		haver	
haveria		**Infinitivo pessoal**	
haveríamos		haver	
haveríeis		haveres	
haveriam		haver	

MODO IMPERATIVO		
		havermos
Afirmativo	**Negativo**	haverdes
desusado	não hajas	haverem
haja (você)	não haja	**Gerúndio**
hajamos (nós)	não hajamos	havendo
havei (vós)	não hajais	**Particípio**
hajam (vocês)	não hajam	havido

Obs. — 1. É pouco frequente a utilização do verbo **haver** como auxiliar dos tempos compostos. 2. As formas compostas não se utilizam quando o verbo **haver** é **auxiliar** dos tempos compostos de outros verbos.

Verbo SER (auxiliar) To BE

MODO INDICATIVO		MODO CONJUNTIVO	
Tempos simples	Tempos compostos	Tempos simples	Tempos compostos
Presente		**Presente**	
sou		seja	
és		sejas	
é		seja	
somos		sejamos	
sois		sejais	
são		sejam	
Pretérito imperfeito		**Pretérito imperfeito**	
era		fosse	
eras		fosses	
era		fosse	
éramos		fôssemos	
éreis		fôsseis	
eram		fossem	
Pretérito perfeito		**Pretérito perfeito**	
fui	tenho sido		tenha sido
foste	tens sido		tenhas sido
foi	tem sido		tenha sido
fomos	temos sido		tenhamos sido
fostes	tendes sido		tenhais sido
foram	têm sido		tenham sido
Pretérito mais-que-perfeito		**Pretérito mais-que-perfeito**	
fora	tinha sido		tivesse sido
foras	tinhas sido		tivesses sido
fora	tinha sido		tivesse sido
fôramos	tínhamos sido		tivéssemos sido
fôreis	tínheis sido		tivésseis sido
foram	tinham sido		tivesse sido
Futuro do presente		**Futuro**	
serei	terei sido	for	tiver sido
serás	terás sido	fores	tiveres sido
será	terá sido	for	tiver sido
seremos	teremos sido	formos	tivermos sido
sereis	tereis sido	fordes	tiverdes sido
serão	terão sido	forem	tiverem sido
Futuro do pretérito		FORMAS NOMINAIS	
seria	teria sido	**Infinitivo impessoal**	
serias	terias sido	ser	ter sido
seria	teria sido	**Infinitivo pessoal**	
seríamos	teríamos sido	ser	ter sido
seríeis	teríeis sido	seres	teres sido
seriam	teriam sido	ser	ter sido
		sermos	termos sido
		serdes	terdes sido
MODO IMPERATIVO		serem	terem sido
Afirmativo	**Negativo**	**Gerúndio**	
sê (tu)	não sejas	sendo	tendo sido
seja (você)	não seja	**Particípio**	
sejamos (nós)	não sejamos	sido	
sede (vós)	não sejais		
sejam (vocês)	não sejam		

Verbo ESTAR (auxiliar) To BE

MODO INDICATIVO

Tempos simples	Tempos compostos

Presente

estou
estás
está
estamos
estais
estão

Pretérito imperfeito

estava
estavas
estava
estávamos
estáveis
estavam

Pretérito perfeito

estive	tenho	estado
estiveste	tens	estado
esteve	tem	estado
estivemos	temos	estado
estivestes	tendes	estado
estiveram	têm	estado

Pretérito mais-que-perfeito

estivera	tinha	estado
estiveras	tinhas	estado
estivera	tinha	estado
estivéramos	tínhamos	estado
estivéreis	tínheis	estado
estiveram	tinham	estado

Futuro do presente

estarei	terei	estado
estarás	terás	estado
estará	terá	estado
estaremos	teremos	estado
estareis	tereis	estado
estarão	terão	estado

Futuro do pretérito

estaria	teria	estado
estarias	terias	estado
estaria	teria	estado
estaríamos	teríamos	estado
estaríeis	teríeis	estado
estariam	teriam	estado

MODO IMPERATIVO

Afirmativo	Negativo
está (tu)	não estejas
esteja (você)	não esteja
estejamos (nós)	não estejamos
estai (vós)	não estejais
estejam (vocês)	não estejam

MODO CONJUNTIVO

Tempos simples	Tempos compostos

Presente

esteja
estejas
esteja
estejamos
estejais
estejam

Pretérito imperfeito

estivesse
estivesses
estivesse
estivéssemos
estivésseis
estivessem

Pretérito perfeito

	tenha	estado
	tenhas	estado
	tenha	estado
	tenhamos	estado
	tenhais	estado
	tenham	estado

Pretérito mais-que-perfeito

	tivesse	estado
	tivesses	estado
	tivesse	estado
	tivéssemos	estado
	tivésseis	estado
	tivessem	estado

Futuro

estiver	tiver	estado
estiveres	tiveres	estado
estiver	tiver	estado
estivermos	tivermos	estado
estiverdes	tiverdes	estado
estiverem	tiverem	estado

FORMAS NOMINAIS

Infinitivo impessoal

estar	ter	estado

Infinitivo pessoal

estar	ter	estado
estares	teres	estado
estar	ter	estado
estarmos	termos	estado
estardes	terdes	estado
estarem	terem	estado

Gerúndio

estando	tendo	estado

Particípio

estado

VERBOS REGULARES

VOZ PASSIVA
VOZ REFLEXIVA
CONJUGAÇÃO PRONOMINAL

Verbo ANDAR (regular) – 1.ª conjugação *To Walk*

MODO INDICATIVO		MODO CONJUNTIVO	
Tempos simples	Tempos compostos	Tempos simples	Tempos compostos

Presente		**Presente**	
ando		ande	
andas		andes	
anda		ande	
andamos		andemos	
andais		andeis	
andam		andem	

Pretérito imperfeito		**Pretérito imperfeito**	
andava		andasse	
andavas		andasses	
andava		andasse	
andávamos		andássemos	
andáveis		andásseis	
andavam		andassem	

Pretérito perfeito		**Pretérito perfeito**	
andei	tenho andado		tenha andado
andaste	tens andado		tenhas andado
andou	tem andado		tenha andado
andámos	temos andado		tenhamos andado
andastes	tendes andado		tenhais andado
andaram	têm andado		tenham andado

Pretérito mais-que-perfeito		**Pretérito mais-que-perfeito**	
andara	tinha andado		tivesse andado
andaras	tinhas andado		tivesses andado
andara	tinha andado		tivesse andado
andáramos	tínhamos andado		tivéssemos andado
andáreis	tínheis andado		tivésseis andado
andaram	tinham andado		tivessem andado

Futuro do presente		**Futuro**	
andarei	terei andado	andar	tiver andado
andarás	terás andado	andares	tiveres andado
andará	terá andado	andar	tiver andado
andaremos	teremos andado	andarmos	tivermos andado
andareis	tereis andado	andardes	tiverdes andado
andarão	terão andado	andarem	tiverem andado

Futuro do pretérito		FORMAS NOMINAIS	
andaria	teria andado	**Infinitivo impessoal**	
andarias	terias andado	andar	ter andado
andaria	teria andado	**Infinitivo pessoal**	
andaríamos	teríamos andado	andar	ter andado
andaríeis	teríeis andado	andares	teres andado
andariam	teriam andado	andar	ter andado
		andarmos	termos andado
		andardes	terdes andado

MODO IMPERATIVO		andarem	terem andado
Afirmativo	Negativo	**Gerúndio**	
anda (tu)	não andes	andando	tendo andado
ande (você)	não ande	**Particípio**	
andemos (nós)	não andemos	andado	
andai (vós)	não andeis		
andem (vocês)	não andem		

45

Verbo VIVER (regular) – 2.ª conjugação To Live

MODO INDICATIVO			MODO CONJUNTIVO		
Tempos simples	**Tempos compostos**		**Tempos simples**	**Tempos compostos**	
Presente			**Presente**		
vivo			viva		
vives			vivas		
vive			viva		
vivemos			vivamos		
viveis			vivais		
vivem			vivam		
Pretérito imperfeito			**Pretérito imperfeito**		
vivia			vivesse		
vivias			vivesses		
vivia			vivesse		
vivíamos			vivêssemos		
vivíeis			vivêsseis		
viviam			vivessem		
Pretérito perfeito			**Pretérito perfeito**		
vivi	tenho	vivido		tenha	vivido
viveste	tens	vivido		tenhas	vivido
viveu	tem	vivido		tenha	vivido
vivemos	temos	vivido		tenhamos	vivido
vivestes	tendes	vivido		tenhais	vivido
viveram	têm	vivido		tenham	vivido
Pretérito mais-que-perfeito			**Pretérito mais-que-perfeito**		
vivera	tinha	vivido		tivesse	vivido
viveras	tinhas	vivido		tivesses	vivido
vivera	tinha	vivido		tivesse	vivido
vivêramos	tínhamos	vivido		tivéssemos	vivido
vivêreis	tínheis	vivido		tivésseis	vivido
viveram	tinham	vivido		tivessem	vivido
Futuro do presente			**Futuro**		
viverei	terei	vivido	viver	tiver	vivido
viverás	terás	vivido	viveres	tiveres	vivido
viverá	terá	vivido	viver	tiver	vivido
viveremos	teremos	vivido	vivermos	tivermos	vivido
vivereis	tereis	vivido	viverdes	tiverdes	vivido
viverão	terão	vivido	viverem	tiverem	vivido
Futuro do pretérito			**FORMAS NOMINAIS**		
viveria	teria	vivido	**Infinitivo impessoal**		
viverias	terias	vivido	viver	ter	vivido
viveria	teria	vivido	**Infinitivo pessoal**		
viveríamos	teríamos	vivido	viver	ter	vivido
viveríeis	teríeis	vivido	viveres	teres	vivido
viveriam	teríam	vivido	viver	ter	vivido

MODO IMPERATIVO	
Afirmativo	**Negativo**
vive (tu)	não vivas
viva (você)	não viva
vivamos (nós)	não vivamos
vivei (vós)	não vivais
vivam (vocês)	não vivam

vivermos	termos	vivido
viverdes	terdes	vivido
viverem	terem	vivido
Gerúndio		
vivendo	tendo	vivido
Particípio		
vivido		

Verbo PARTIR (regular) – 3.ª conjugação

To LEAVE
To DEPART
To BREAK up

MODO INDICATIVO			MODO CONJUNTIVO		
Tempos simples	**Tempos compostos**		**Tempos simples**	**Tempos compostos**	
Presente			**Presente**		
parto			parta		
partes			partas		
parte			parta		
partimos			partamos		
partis			partais		
partem			partam		
Pretérito imperfeito			**Pretérito imperfeito**		
partia			partisse		
partias			partisses		
partia			partisse		
partíamos			partíssemos		
partíeis			partísseis		
partiam			partissem		
Pretérito perfeito			**Pretérito perfeito**		
parti	tenho	partido		tenha	partido
partiste	tens	partido		tenhas	partido
partiu	tem	partido		tenha	partido
partimos	temos	partido		tenhamos	partido
partistes	tendes	partido		tenhais	partido
partiram	têm	partido		tenham	partido
Pretérito mais-que-perfeito			**Pretérito mais-que-perfeito**		
partira	tinha	partido		tivesse	partido
partiras	tinhas	partido		tivesses	partido
partira	tinha	partido		tivesse	partido
partíramos	tínhamos	partido		tivéssemos	partido
partíreis	tínheis	partido		tivésseis	partido
partiram	tinham	partido		tivessem	partido
Futuro do presente			**Futuro**		
partirei	terei	partido	partir	tiver	partido
partirás	terás	partido	partires	tiveres	partido
partirá	terá	partido	partir	tiver	partido
partiremos	teremos	partido	partirmos	tivermos	partido
partireis	tereis	partido	partirdes	tiverdes	partido
partirão	terão	partido	partirem	tiverem	partido
Futuro do pretérito			**FORMAS NOMINAIS**		
partiria	teria	partido	**Infinitivo impessoal**		
partirias	terias	partido	partir	ter	partido
partiria	teria	partido	**Infinitivo pessoal**		
partiríamos	teríamos	partido	partir	ter	partido
partiríeis	teríeis	partido	partires	teres	partido
partiriam	teriam	partido	partir	ter	partido
MODO IMPERATIVO			partirmos	termos	partido
			partirdes	terdes	partido
Afirmativo	**Negativo**		partirem	terem	partido
parte (tu)	não partas		**Gerúndio**		
parta (você)	não parta		partindo	tendo	partido
partamos (nós)	não partamos		**Particípio**		
parti (vós)	não partais		partido		
partam (vocês)	não partam				

Conjugação do verbo na voz passiva
Modelo: SER AJUDADO

MODO INDICATIVO		MODO CONJUNTIVO	
Tempos simples	Tempos compostos	Tempos simples	Tempos compostos

MODO INDICATIVO — Presente

sou ajudado (-a)
és ajudado (-a)
é ajudado (-a)
somos ajudados (-as)
sois ajudados (-as)
são ajudados (-as)

Pretérito imperfeito

era ajudado (-a)
eras ajudado (-a)
era ajudado (-a)
éramos ajudados (-as)
éreis ajudados (-as)
eram ajudados (-as)

Pretérito perfeito

fui ajudado (-a)	tenho sido ajudado (-a)
foste ajudado (-a)	tens sido ajudado (-a)
foi ajudado (-a)	tem sido ajudado (-a)
fomos ajudados (-as)	temos sido ajudados (-as)
fostes ajudados (-as)	tendes sido ajudados (-as)
foram ajudados (-as)	têm sido ajudados (-as)

Pretérito mais-que-perfeito

fora ajudado (-a)	tinha sido ajudado (-a)
foras ajudado (-a)	tinhas sido ajudado (-a)
fora ajudado (-a)	tinha sido ajudado (-a)
fôramos ajudados (-as)	tínhamos sido ajudados (-as)
fôreis ajudados (-as)	tínheis sido ajudados (-as)
foram ajudados (-as)	tinham sido ajudados (-as)

Futuro do presente

serei ajudado (-a)	terei sido ajudado (-a)
serás ajudado (-a)	terás sido ajudado (-a)
será ajudado (-a)	terá sido ajudado (-a)
seremos ajudados (-as)	teremos sido ajudados (-as)
sereis ajudados (-as)	tereis sido ajudados (-as)
serão ajudados (-as)	terão sido ajudados (-as)

Futuro do pretérito

seria ajudado (-a)	teria sido ajudado (-a)
serias ajudado (-a)	terias sido ajudado (-a)
seria ajudado (-a)	teria sido ajudado (-a)
seríamos ajudados (-as)	teríamos sido ajudados (-as)
seríeis ajudados (-as)	teríeis sido ajudados (-as)
seriam ajudados (-as)	teriam sido ajudados (-as)

MODO CONJUNTIVO — Presente

seja ajudado (-a)
sejas ajudado (-a)
seja ajudado (-a)
sejamos ajudados (-as)
sejais ajudados (-as)
sejam ajudados (-as)

Pretérito imperfeito

fosse ajudado (-a)
fosses ajudado (-a)
fosse ajudado (-a)
fôssemos ajudados (-as)
fôsseis ajudados (-as)
fôssem ajudados (-as)

Pretérito perfeito

tenha sido ajudado (-a)
tenhas sido ajudado (-a)
tenha sido ajudado (-a)
tenhamos sido ajudados (-as)
tenhais sido ajudados (-as)
tenham sido ajudados (-as)

Pretérito mais-que-perfeito

tivesse sido ajudado (-a)
tivesses sido ajudado (-a)
tivesse sido ajudado (-a)
tivéssemos sido ajudados (-as)
tivésseis sido ajudados (-as)
tivessem sido ajudados (-as)

Futuro

for ajudado (-a)	tiver sido ajudado (-a)
fores ajudado (-a)	tiveres sido ajudado (-a)
for ajudado (-a)	tiver sido ajudado (-a)
formos ajudados (-as)	tivermos sido ajudados (-as)
fordes ajudados (-as)	tiverdes sido ajudados (-as)
forem ajudados (-as)	tiverem sido ajudados (-as)

FORMAS NOMINAIS

Infinitivo impessoal

ser ajudado (-a)	ter sido ajudado (-a)

Infinitivo pessoal

ser ajudado (-a)	ter sido ajudado (-a)
seres ajudado (-a)	teres sido ajudado (-a)
ser ajudado (-a)	ter sido ajudado (-a)
sermos ajudados (-as)	termos sido ajudados (-as)
serdes ajudados (-as)	terdes sido ajudados (-as)
serem ajudados (-as)	terem sido ajudados (-as)

Gerúndio

sendo ajudado (-a, -os, -as)   tendo sido ajudado (-a,-os,-as)

Particípio

ajudado (-a, -os, -as)

Obs. — Na voz passiva não se usa imperativo.

Conjugação do verbo na voz reflexiva
Modelo: LEMBRAR-SE *To REMEMBER*

MODO INDICATIVO

Com o pronome enclítico **Com o pronome proclítico**

Presente

lembro-me	eu me lembro
lembras-te	tu te lembras
lembra-se	ele se lembra
lembramo-nos	nós nos lembramos
lembrais-vos	vós vos lembrais
lembram-se	eles se lembram

Pretérito imperfeito

lembrava-me	eu me lembrava
lembravas-te	tu te lembravas
lembrava-se	ele se lembrava
lembrávamo-nos	nós nos lembrávamos
lembráveis-vos	vós vos lembráveis
lembravam-se	eles se lembravam

Pretérito perfeito simples

lembrei-me	eu me lembrei
lembraste-te	tu te lembraste
lembrou-se	ele se lembrou
lembrámo-nos	nós nos lembrámos
lembrastes-vos	vós vos lembrastes
lembraram-se	eles se lembraram

Pretérito perfeito composto

tenho-me lembrado	eu me tenho lembrado
tens-te lembrado	tu te tens lembrado
tem-se lembrado	ele se tem lembrado
temo-nos lembrado	nós nos temos lembrado
tendes-vos lembrado	vós vos tendes lembrado
têm-se lembrado	eles se têm lembrado

Pretérito mais-que-perfeito simples

lembrara-me	eu me lembrara
lembraras-te	tu te lembraras
lembrara-se	ele se lembrara
lembráramo-nos	nós nos lembráramos
lembráreis-vos	vós vos lembráreis
lembraram-se	eles se lembraram

Pretérito mais-que-perfeito composto

tinha-me lembrado	eu me tinha lembrado
tinhas-te lembrado	tu te tinhas lembrado
tinha-se lembrado	ele se tinha lembrado
tínhamo-nos lembrado	nós nos tínhamos lembrado
tínheis-vos lembrado	vós vos tínheis lembrado
tinham-se lembrado	eles se tinham lembrado

Com o pronome mesoclítico **Com o pronome proclítico**

Futuro do presente simples

lembrar-me-ei	eu me lembrarei
lembrar-te-ás	tu te lembrarás
lembrar-se-á	ele se lembrará
lembrar-nos-emos	nós nos lembraremos
lembrar-vos-eis	vós vos lembrareis
lembrar-se-ão	eles se lembrarão

Futuro do presente composto

ter-me-ei lembrado	eu me terei lembrado
ter-te-ás lembrado	tu te terás lembrado
ter-se-á lembrado	ele se terá lembrado
ter-nos-emos lembrado	nós nos teremos lembrado
ter-vos-eis lembrado	vós vos tereis lembrado
ter-se-ão lembrado	eles se terão lembrado

Futuro do pretérito simples

lembrar-me-ia	eu me lembraria
lembrar-te-ias	tu te lembrarias
lembrar-se-ia	ele se lembraria
lembrar-nos-íamos	nós nos lembraríamos
lembrar-vos-íeis	vós vos lembraríeis
lembrar-se-iam	eles se lembrariam

Futuro do pretérito composto

ter-me-ia lembrado	eu me teria lembrado
ter-te-ias lembrado	tu te terias lembrado
ter-se-ia lembrado	ele se teria lembrado
ter-nos-íamos lembrado	nós nos teríamos lembrado
ter-vos-íeis lembrado	vós vos teríeis lembrado
ter-se-iam lembrado	eles se teriam lembrado

MODO CONJUNTIVO

Com o pronome enclítico **Com o pronome proclítico**

Presente

lembre-me	eu me lembre
lembres-te	tu te lembres
lembre-se	ele se lembre
lembremo-nos	nós nos lembremos
lembreis-vos	vós vos lembreis
lembrem-se	eles se lembrem

Pretérito imperfeito

lembrasse-me	eu me lembrasse
lembrasses-te	tu te lembrasses
lembrasse-se	ele se lembrasse
lembrássemo-nos	nós nos lembrássemos
lembrásseis-vos	vós vos lembrásseis
lembrassem-se	eles se lembrassem

MODO CONJUNTIVO		FORMAS NOMINAIS	
Com o pronome enclítico	Com o pronome proclítico	Com o pronome enclítico	Com o pronome proclítico

Pretérito perfeito

(Não se usa com o pronome enclítico)	eu me tenha lembrado
	tu te tenhas lembrado
	ele se tenha lembrado
	nós nos tenhamos lembrado
	vós vos tenhais lembrado
	eles se tenham lembrado

Pretérito mais-que-perfeito

tivesse-me lembrado	eu me tivesse lembrado
tivesses-te lembrado	tu te tivesses lembrado
tivesse-se lembrado	ele se tivesse lembrado
tivéssemo-nos lembrado	nós nos tivéssemos lembrado
tivésseis-vos lembrado	vós vos tivésseis lembrado
tivessem-se lembrado	eles se tivessem lembrado

Futuro simples

(Não se usa com o pronome enclítico)	eu me lembrar
	tu te lembrares
	ele se lembrar
	nós nos lembrarmos
	vós vos lembrardes
	eles se lembrarem

Futuro composto

(Não se usa com o pronome enclítico)	eu me tiver lembrado
	tu te tiveres lembrado
	ele se tiver lembrado
	nós nos tivermos lembrado
	vós vos tiverdes lembrado
	eles se tiverem lembrado

MODO IMPERATIVO

Afirmativo

lembra-te	(Não pode vir proclítico o pronome)
lembre-se	
lembremo-nos	
lembrai-vos	
lembrem-se	

Negativo

(Não se usa com o pronome enclítico)	não te lembres
	não se lembre
	não nos lembremos
	não vos lembreis
	não se lembrem

Infinitivo impessoal simples

lembrar-se	se lembrar

Infinitivo impessoal composto

ter-se lembrado	se ter lembrado

Infinitivo pessoal simples

lembrar-me	eu me lembrar
lembrares-te	tu te lembrares
lembrar-se	ele se lembrar
lembrarmo-nos	nós nos lembrarmos
lembrardes-vos	vós vos lembrardes
lembrarem-se	eles se lembrarem

Infinitivo pessoal composto

ter-me lembrado	eu me ter lembrado
teres-te lembrado	tu te teres lembrado
ter-se lembrado	ele se ter lembrado
termo-nos lembrado	nós nos termos lembrado
terdes-vos lembrado	vós vos terdes lembrado
terem-se lembrado	eles se terem lembrado

Gerúndio simples

lembrando-se	se lembrando

Gerúndio composto

tendo-se lembrado	se tendo lembrado

Conjugação de um verbo pronominal
Modelo: ESCREVER + O

MODO INDICATIVO

Com o pronome enclítico	Com o pronome proclítico	Com o pronome mesoclítico	Com o pronome proclítico
Presente		**Futuro do presente simples**	
escrevo-o	eu o escrevo	escrevê-lo-ei	eu o escreverei
escreve-lo	tu o escreves	escrevê-lo-ás	tu o escreverás
escreve-o	ele o escreve	escrevê-lo-á	ele o escreverá
escrevemo-lo	nós o escrevemos	escrevê-lo-emos	nós o escreveremos
escrevei-lo	vós o escreveis	escrevê-lo-eis	vós o escrevereis
escrevem-no	eles o escrevem	escrevê-lo-ão	eles o escreverão
Pretérito imperfeito		**Futuro do presente composto**	
escrevia-o	eu o escrevia	tê-lo-ei escrito	eu o terei escrito
escrevia-lo	tu o escrevias	tê-lo-ás escrito	tu o terás escrito
escrevia-o	ele o escrevia	tê-lo-á escrito	ele o terá escrito
escrevíamo-lo	nós o escrevíamos	tê-lo-emos escrito	nós o teremos escrito
escrevíei-lo	vós o escrevíeis	tê-lo-eis escrito	vós o tereis escrito
escreviam-no	eles o escreviam	tê-lo-ão escrito	eles o terão escrito
Pretérito perfeito simples		**Futuro do pretérito simples**	
escrevi-o	eu o escrevi	escrevê-lo-ia	eu o escreveria
escreveste-o	tu o escreveste	escrevê-lo-ias	tu o escreverias
escreveu-o	ele o escreveu	escrevê-lo-ia	ele o escreveria
escrevemo-lo	nós o escrevemos	escrevê-lo-íamos	nós o escreveríamos
escreveste-lo	vós o escrevestes	escrevê-lo-íeis	vós o escreveríeis
escreveram-no	eles o escreveram	escrevê-lo-iam	eles o escreveriam
Pretérito perfeito composto		**Futuro do pretérito composto**	
tenho-o escrito	eu o tenho escrito	tê-lo-ia escrito	eu o teria escrito
tem-lo escrito	tu o tens escrito	tê-lo-ias escrito	tu o terias escrito
tem-no escrito	ele o tem escrito	tê-lo-ia escrito	ele o teria escrito
temo-lo escrito	nós o temos escrito	tê-lo-íamos escrito	nós o teríamos escrito
tende-lo escrito	ele o tendes escrito	tê-lo-íeis escrito	vós o teríeis escrito
têm-no escrito	eles o têm escrito	tê-lo-iam escrito	eles o teriam escrito

MODO CONJUNTIVO

Com o pronome enclítico	Com o pronome proclítico
Presente	

Com o pronome enclítico	Com o pronome proclítico	Com o pronome enclítico	Com o pronome proclítico
Pretérito mais-que-perfeito simples		**Presente**	
escrevera-o	eu o escrevera	escreva-o	eu o escreva
escrevera-lo	tu o escreveras	escreva-lo	tu o escrevas
escrevera-o	ele o escrevera	escreva-o	ele o escreva
escrevêramo-lo	nós o escrevêramos	escrevamo-lo	nós o escrevamos
escrevêrei-lo	vós o escrevêreis	escrevai-lo	vós o escrevais
escreveram-no	eles o escreveram	escrevam-no	eles o escrevam
Pretérito mais-que-perfeito composto		**Pretérito imperfeito**	
tinha-o escrito	eu o tinha escrito	escrevesse-o	eu o escrevesse
tinha-lo escrito	tu o tinhas escrito	escrevesse-lo	tu o escrevesses
tinha-o escrito	ele o tinha escrito	escrevesse-o	ele o escrevesse
tínhamo-lo escrito	nós o tínhamos escrito	escrevêssemo-lo	nós o escrevêssemos
tínhei-lo escrito	vós o tínheis escrito	escrevêssei-lo	vós o escrevêsseis
tinham-no escrito	eles o tinham escrito	escrevessem-no	eles o escrevessem

MODO CONJUNTIVO		FORMAS NOMINAIS	
Com o pronome enclítico	Com o pronome proclítico	Com o pronome enclítico	Com o pronome proclítico

Pretérito perfeito

(Não se usa com o pronome enclítico)	eu o tenha escrito		
	tu o tenhas escrito		
	ele o tenha escrito		
	nós o tenhamos escrito		
	vós o tenhais escrito		
	eles o tenham escrito		

Infinitivo impessoal simples

escrevê-lo	o escrever

Infinitivo impessoal composto

tê-lo escrito	o ter escrito

Pretérito mais-que-perfeito

tivesse-o escrito	eu o tivesse escrito
tivesse-lo escrito	tu o tivesses escrito
tivesse-o escrito	ele o tivesse escrito
tivéssemo-lo escrito	nós o tivéssemos escrito
tivéssei-lo escrito	vós o tivésseis escrito
tivessem-no escrito	eles o tivessem escrito

Infinitivo pessoal simples

escrevê-lo	eu o escrever
escrevere-lo	tu o escreveres
escrevê-lo	ele o escrever
escrevermo-lo	nós o escrevermos
escreverde-lo	vós o escreverdes
escreverem-no	eles o escreverem

Futuro simples

(Não se usa com o pronome enclítico)	eu o escrever
	tu o escreveres
	ele o escrever
	nós o escrevermos
	vós o escreverdes
	eles o escreverem

Infinitivo pessoal composto

tê-lo escrito	eu o ter escrito
tere-lo escrito	tu o teres escrito
tê-lo escrito	ele o ter escrito
termo-lo escrito	nós o termos escrito
terde-lo escrito	vós o terdes escrito
terem-no escrito	eles o terem escrito

Futuro composto

(Não se usa com o pronome enclítico)	eu o tiver escrito
	tu o tiveres escrito
	ele o tiver escrito
	nós o tivermos escrito
	vós o tiverdes escrito
	eles o tiverem escrito

Gerúndio simples

escrevendo-o	o escrevendo

Gerúndio composto

tendo-o escrito	o tendo escrito

MODO IMPERATIVO

Afirmativo

escreve-o	(Não pode vir proclítico o pronome)
escreva-o	
escrevamo-lo	
escrevei-o	
escrevam-no	

Negativo

(Não se usa com o pronome enclítico)	não o escrevas
	não o escreva
	não o escrevamos
	não o escrevais
	não o escrevam

VERBOS COM ALTERAÇÃO
FONÉTICA DO RADICAL

Modelo: BOIAR (alteração fonética do radical)

MODO INDICATIVO		MODO CONJUNTIVO	
Tempos simples	Tempos compostos	Tempos simples	Tempos compostos

Presente		Presente	
bóio		bóie	
bóias		bóies	
bóia		bóie	
boiamos		boiemos	
boiais		boieis	
bóiam		bóiem	

Pretérito imperfeito		Pretérito imperfeito	
boiava		boiasse	
boiavas		boiasses	
boiava		boiasse	
boiávamos		boiássemos	
boiáveis		boiásseis	
boiavam		boiassem	

Pretérito perfeito		Pretérito perfeito	
boiei	tenho boiado		tenha boiado
boiaste	tens boiado		tenhas boiado
boiou	tem boiado		tenha boiado
boiámos	temos boiado		tenhamos boiado
boiastes	tendes boiado		tenhais boiado
boiaram	têm boiado		tenham boiado

Pretérito mais-que-perfeito		Pretérito mais-que-perfeito	
boiara	tinha boiado		tivesse boiado
boiaras	tinhas boiado		tivesses boiado
boiara	tinha boiado		tivesse boiado
boiáramos	tínhamos boiado		tivéssemos boiado
boiáreis	tínheis boiado		tivésseis boiado
boiaram	tinham boiado		tivessem boiado

Futuro do presente		Futuro	
boiarei	terei boiado	boiar	tiver boiado
boiarás	terás boiado	boiares	tiveres boiado
boiará	terá boiado	boiar	tiver boiado
boiaremos	teremos boiado	boiarmos	tivermos boiado
boiareis	tereis boiado	boiardes	tiverdes boiado
boiarão	terão boiado	boiarem	tiverem boiado

Futuro do pretérito		FORMAS NOMINAIS	
boiaria	teria boiado	Infinitivo impessoal	
boiarias	terias boiado	boiar	ter boiado
boiaria	teria boiado	Infinitivo pessoal	
boiaríamos	teríamos boiado	boiar	ter boiado
boiaríeis	teríeis boiado	boiares	teres boiado
boiariam	teriam boiado	boiar	ter boiado

MODO IMPERATIVO		boiarmos	termos boiado
		boiardes	terdes boiado
Afirmativo	Negativo	boiarem	terem boiado
bóia	não bóies	Gerúndio	
bóie	não bóie	boiando	tendo boiado
boiemos	não boiemos	Particípio	
boiai	não boieis		boiado
bóiem	não bóiem		

Obs. — 1. Os verbos terminados em **-oiar** conservam o ditongo **oi** em toda a conjugação, sendo acentuado graficamente nas formas em que é tónico e aberto. 2. O verbo **apoiar** conserva o ditongo semi-fechado em toda a conjugação.

Modelo: COBRAR (alteração fonética do radical)

MODO INDICATIVO

Tempos simples	Tempos compostos

Presente

cobro
cobras
cobra
cobramos
cobrais
cobram

Pretérito imperfeito

cobrava
cobravas
cobrava
cobrávamos
cobráveis
cobravam

Pretérito perfeito

cobrei	tenho cobrado
cobraste	tens cobrado
cobrou	tem cobrado
cobramos	temos cobrado
cobrastes	tendes cobrado
cobraram	têm cobrado

Pretérito mais-que-perfeito

cobrara	tinha cobrado
cobraras	tinhas cobrado
cobrara	tinha cobrado
cobráramos	tínhamos cobrado
cobráreis	tínheis cobrado
cobraram	tinham cobrado

Futuro do presente

cobrarei	terei cobrado
cobrarás	terás cobrado
cobrará	terá cobrado
cobraremos	teremos cobrado
cobrareis	tereis cobrado
cobrarão	terão cobrado

Futuro do pretérito

cobraria	teria cobrado
cobrarias	terias cobrado
cobraria	teria cobrado
cobraríamos	teríamos cobrado
cobraríeis	teríeis cobrado
cobrariam	teriam cobrado

MODO IMPERATIVO

Afirmativo	Negativo
cobra	não cobres
cobre	não cobre
cobremos	não cobremos
cobrai	não cobreis
cobrem	não cobrem

MODO CONJUNTIVO

Tempos simples	Tempos compostos

Presente

cobre
cobres
cobre
cobremos
cobreis
cobrem

Pretérito imperfeito

cobrasse
cobrasses
cobrasse
cobrássemos
cobrásseis
cobrassem

Pretérito perfeito

tenha cobrado
tenhas cobrado
tenha cobrado
tenhamos cobrado
tenhais cobrado
tenham cobrado

Pretérito mais-que-perfeito

tivesse cobrado
tivesses cobrado
tivesse cobrado
tivéssemos cobrado
tivésseis cobrado
tivessem cobrado

Futuro

cobrar	tiver cobrado
cobrares	tiveres cobrado
cobrar	tiver cobrado
cobrarmos	tivermos cobrado
cobrardes	tiverdes cobrado
cobrarem	tiverem cobrado

FORMAS NOMINAIS

Infinitivo impessoal

cobrar	ter cobrado

Infinito pessoal

cobrar	ter cobrado
cobrares	teres cobrado
cobrar	ter cobrado
cobrarmos	termos cobrado
cobrardes	terdes cobrado
cobrarem	terem cobrado

Gerúndio

cobrando	tendo cobrado

Particípio

cobrado

Obs. — Na 1.ª, 2.ª e 3.ª pessoas do singular e na 3.ª do plural do **presente do indicativo** e do **conjuntivo**, bem como do **imperativo** (excepto na 1.ª e 2.ª do plural), a vogal fechada do radical [u] é substituída pela vogal semi-aberta [ɔ]. Contudo, se a referida vogal é seguida de consoante nasal articulada (**m**, **n** ou **nh**), passa a semi-fechada. Ex.: embr**o**mar, emoci**o**nar, s**o**nhar.

Modelo: FECHAR (alteração fonética do radical)

MODO INDICATIVO

Tempos simples	Tempos compostos
Presente	
fecho	
fechas	
fecha	
fechamos	
fechais	
fecham	
Pretérito imperfeito	
fechava	
fechavas	
fechava	
fechávamos	
fecháveis	
fechavam	
Pretérito perfeito	
fechei	tenho fechado
fechaste	tens fechado
fechou	tenho fechado
fechámos	temos fechado
fechastes	tendes fechado
fecharam	têm fechado
Pretérito mais-que-perfeito	
fechara	tinha fechado
fecharas	tinhas fechado
fecharei	tinha fechado
fecháramos	tínhamos fechado
fecháreis	tínheis fechado
fecharam	tinham fechado
Futuro do presente	
fecharei	terei fechado
fecharás	terás fechado
fechará	terá fechado
fecharemos	teremos fechado
fechareis	tereis fechado
fecharão	terão fechado
Futuro do pretérito	
fecharia	teria fechado
fecharias	terias fehado
fecharia	teria fechado
fecharíamos	teríamos fechado
fecharíeis	teríeis fechado
fechariam	teriam fechado

MODO IMPERATIVO

Afirmativo	Negativo
fecha	não feches
feche	não feche
fechemos	não fechemos
fecheis	não fecheis
fechem	não fechem

MODO CONJUNTIVO

Tempos simples	Tempos compostos
Presente	
feche	
feche	
feche	
fechemos	
fecheis	
fechem	
Pretérito imperfeito	
fechasse	
fechasses	
fechasse	
fechássemos	
fechásseis	
fechassem	
Pretérito perfeito	
	tenha fechado
	tenhas fechado
	tenha fechado
	tenhamos fechado
	tenhais fechado
	tenham fechado
Pretérito mais-que-perfeito	
	tivesse fechado
	tivesses fechado
	tivesse fechado
	tivéssemos fechado
	tivésseis fechado
	tivessem fechado
Futuro	
fechar	tiver fechado
fechares	tiveres fechado
fechar	tiver fechado
fecharmos	tivermos fechado
fechardes	tiverdes fechado
fecharem	tiverem fechado

FORMAS NOMINAIS

Infinitivo impessoal	
fechar	ter fechado
Infinitivo pessoal	
fechar	ter fechado
fechares	teres fechado
fechar	ter fechado
fecharmos	termos fechado
fechardes	terdes fechado
fecharem	terem fechado
Gerúndio	
fechando	tendo fechado
Particípio	
fechado	

Obs. — 1. Nos verbos da 1.ª conjugação, quando a vogal fechada do radical (**e**) é seguida de **ch**, **lh**, **j** ou consoante nasal articulada, **m**, **n** ou **nh**, passa a semi-fechada quando é tónico (nas 1.ª, 2.ª e 3.ª pessoas do singular e 3.ª do plural do **presente do indicativo**, do **presente do conjuntivo** e nas formas do **imperativo afirmativo** e **negativo** delas derivadas). 2. O mesmo acontece com o verbo **chegar**. 3. Contudo, os verbos **embrechar**, **frechar**, **invejar** e **vexar** conjugam-se como **levar**.

Modelo: LAVAR (alteração fonética do radical)

MODO INDICATIVO		MODO CONJUNTIVO	
Tempos simples	Tempos compostos	Tempos simples	Tempos compostos

Presente		**Presente**	
lavo		lave	
lavas		laves	
lava		lave	
lavamos		lavemos	
lavais		laveis	
lavam		lavem	
Pretérito imperfeito		**Pretérito imperfeito**	
lavava		lavasse	
lavavas		lavasses	
lavava		lavasse	
lavávamos		lavássemos	
laváveis		lavásseis	
lavavam		lavassem	
Pretérito perfeito		**Pretérito perfeito**	
lavei	tenho lavado		tenha lavado
lavaste	tens lavado		tenhas lavado
lavou	tem lavado		tenha lavado
lavámos	temos lavado		tenhamos lavado
lavastes	tendes lavado		tenhais lavado
lavaram	têm lavado		tenham lavado
Pretérito mais-que-perfeito		**Pretérito mais-que-perfeito**	
lavara	tinha lavado		tivesse lavado
lavaras	tinhas lavado		tivesses lavado
lavara	tinha lavado		tivesse lavado
laváramos	tínhamos lavado		tivéssemos lavado
laváreis	tínheis lavado		tivésseis lavado
lavaram	tinham lavado		tivessem lavado
Futuro do presente		**Futuro**	
lavarei	terei lavado	lavar	tiver lavado
lavarás	terás lavado	lavares	tiveres lavado
lavará	terá lavado	lavar	tiver lavado
lavaremos	teremos lavado	lavarmos	tivermos lavado
lavareis	tereis lavado	lavardes	tiverdes lavado
lavarão	terão lavado	lavarem	tiverem lavado
Futuro do pretérito			
lavaria	teria lavado	**FORMAS NOMINAIS**	
lavarias	terias lavado	**Infinitivo impessoal**	
lavaria	teria lavado	lavar	ter lavado
lavaríamos	teríamos lavado	**Infinitivo pessoal**	
lavaríeis	teríeis lavado	lavar	ter lavado
lavariam	teriam lavado	lavares	teres lavado

MODO IMPERATIVO			
		lavar	ter lavado
		lavarmos	termos lavado
		lavardes	terdes lavado
		lavarem	terem lavado
Afirmativo	**Negativo**	**Gerúndio**	
lava	não laves	lavando	tendo lavado
lave	não lave	**Particípio**	
lavemos	não lavemos	lavado	
lavai	não laveis		
lavem	não lavem		

Obs. — Os verbos que têm no radical a vogal oral **a**, apresentam-na com o timbre semi-fechado quando é pretónica e com o timbre aberto quando é tónica. O fenómeno verifica-se no **presente do indicativo**, no **presente do conjuntivo** e **imperativo**.

Modelo: LEVAR (alteração fonética do radical)

MODO INDICATIVO		MODO CONJUNTIVO	
Tempos simples	Tempos compostos	Tempos simples	Tempos compostos

MODO INDICATIVO — Presente / MODO CONJUNTIVO — Presente

Presente		Presente	
levo		leve	
levas		leves	
leva		leve	
levamos		levemos	
levais		leveis	
levam		levem	

Pretérito imperfeito		Pretérito imperfeito	
levava		levasse	
levavas		levasses	
levava		levasse	
levávamos		levássemos	
leváveis		levásseis	
levavam		levassem	

Pretérito perfeito		Pretérito perfeito	
levei	tenho levado		tenha levado
levaste	tens levado		tenhas levado
levou	tem levado		tenha levado
levamos	temos levado		tenhamos levado
levastes	tendes levado		tenhais levado
levaram	têm levado		tenham levado

Pretérito mais-que-perfeito		Pretérito mais-que-perfeito	
levara	tinha levado		tivesse levado
levaras	tinhas levado		tivesses levado
levara	tinha levado		tivesse levado
leváramos	tínhamos levado		tivéssemos levado
leváreis	tínheis levado		tivésseis levado
levaram	tinham levado		tivessem levado

Futuro do presente		Futuro	
levarei	terei levado	levar	tiver levado
levarás	terás levado	levares	tiveres levado
levará	terá levado	levar	tiver levado
levaremos	teremos levado	levarmos	tivermos levado
levareis	tereis levado	levardes	tiverdes levado
levarão	terão levado	levarem	tiverem levado

Futuro do pretérito	
levaria	teria levado
levarias	terias levado
levaria	teria levado
levaríamos	teríamos levado
evaríeis	eríeis levado
levariam	teriam levado

FORMAS NOMINAIS

Infinitivo impessoal

levar	ter levado

Infinitivo pessoal

levar	ter levado
levares	teres levado
levar	ter levado
levarmos	termos levado
levardes	terdes levado
levarem	terem levado

Gerúndio

levando	tendo levado

Particípio

	levado

MODO IMPERATIVO

Afirmativo	Negativo
leva	não leves
leve	não leve
levemos	não levemos
levai	não leveis
levem	não levem

Obs. — Na 1.ª, 2.ª e 3.ª pessoas do singular e na 3.ª do plural do **presente do indicativo** e do **conjuntivo**, bem como do **imperativo** (excepto na 1.ª e 2.ª pessoas do plural), a vogal fechada do radical [ə] é substituída pela vogal semi-aberta [ɛ].

Modelo: PERDOAR (alteração fonética do radical)

MODO INDICATIVO		MODO CONJUNTIVO	
Tempos simples	Tempos compostos	Tempos simples	Tempos compostos
Presente		**Presente**	
perdoo		perdoe	
perdoas		perdoes	
perdoa		perdoe	
perdoamos		perdoemos	
perdoais		perdoeis	
perdoam		perdoem	
Pretérito imperfeito		**Pretérito imperfeito**	
perdoava		perdoasse	
perdoavas		perdoasses	
perdoava		perdoasse	
perdoávamos		perdoássemos	
perdoáveis		perdoásseis	
perdoavam		perdoassem	
Pretérito perfeito		**Pretérito perfeito**	
perdoei	tenho perdoado		tenha perdoado
perdoaste	tens perdoado		tenhas perdoado
perdoou	tem perdoado		tenha perdoado
perdoámos	temos perdoado		tenhamos perdoado
perdoastes	tendes perdoado		tenhais perdoado
perdoaram	têm perdoado		tenham perdoado
Pretérito mais-que-perfeito		**Pretérito mais-que-perfeito**	
perdoara	tinha perdoado		tivesse perdoado
perdoaras	tinhas perdoado		tivesses perdoado
perdoara	tinha perdoado		tivesse perdoado
perdoáramos	tínhamos perdoado		tivéssemos perdoado
perdoáreis	tínheis perdoado		tivésseis perdoado
perdoaram	tinham perdoado		tivessem perdoado
Futuro do presente		**Futuro**	
perdoarei	terei perdoado	perdoar	tiver perdoado
perdoarás	terás perdoado	perdoares	tiveres perdoado
perdoará	terá perdoado	perdoar	tiver perdoado
perdoaremos	teremos perdoado	perdoarmos	tivermos perdoado
perdoareis	tereis perdoado	perdoardes	tiverdes perdoado
perdoarão	terão perdoado	perdoarem	tiverem perdoado
Futuro do pretérito		**FORMAS NOMINAIS**	
perdoaria	teria perdoado	**Infinitivo impessoal**	
perdoarias	terias perdoado	perdoar	ter perdoado
perdoaria	teria perdoado	**Infinitivo pessoal**	
perdoaríamos	teríamos perdoado	perdoar	ter perdoado
perdoaríeis	teríeis perdoado	perdoares	teres perdoado
perdoariam	teriam perdoado	perdoar	ter perdoado
MODO IMPERATIVO		perdoarmos	termos perdoado
Afirmativo	Negativo	perdoardes	terdes perdoado
		perdoarem	terem perdoado
perdoa	não perdoes	**Gerúndio**	
perdoe	não perdoe	perdoando	tendo perdoado
perdoemos	não perdoemos	**Particípio**	
perdoeis	não perdoeis	perdoado	
perdoem	não perdoem		

Obs. — 1. A vogal fechada **o** do radical é substituída pela semi-fechada (**ô**) sempre que é tónica. 2. Como este, conjugam-se todos os verbos terminados em **-oar**.

Modelo: DEVER (alteração fonética do radical)

MODO INDICATIVO		MODO CONJUNTIVO	
Tempos simples	**Tempos compostos**	**Tempos simples**	**Tempos compostos**

MODO INDICATIVO		MODO CONJUNTIVO	
Presente		**Presente**	
devo		deva	
deves		devas	
deve		deva	
devemos		devamos	
deveis		devais	
devem		devam	
Pretérito imperfeito		**Pretérito imperfeito**	
devia		devesse	
devias		devesses	
devia		devesse	
devíamos		devêssemos	
devíeis		devêsseis	
deviam		devessem	
Pretérito perfeito		**Pretérito perfeito**	
devi	tenho devido		tenha devido
deveste	tens devido		tenhas devido
deveu	tem devido		tenha devido
devemos	temos devido		tenhamos devido
devestes	tendes devido		tenhais devido
deveram	têm devido		tenham devido
Pretérito mais-que-perfeito		**Pretérito mais-que-perfeito**	
devera	tinha devido		tivesse devido
deveras	tinhas devido		tivesses devido
devera	tinha devido		tivesse devido
devêramos	tínhamos devido		tivéssemos devido
devêreis	tínheis devido		tivésseis devido
deveram	tinham devido		tivessem devido
Futuro do presente		**Futuro**	
deverei	terei devido	dever	tiver devido
deverás	terás devido	deveres	tiveres devido
deverá	terá devido	dever	tiver devido
deveremos	teremos devido	devermos	tivermos devido
devereis	tereis devido	deverdes	tiverdes devido
deverão	terão devido	deverem	tiverem devido
Futuro do pretérito			
deveria	teria devido		

MODO INDICATIVO	
Futuro do pretérito	
deveria	teria devido
deverias	terias devido
deveria	teria devido
deveríamos	teríamos devido
deveríeis	teríeis devido
deveriam	teriam devido

FORMAS NOMINAIS	
Infinitivo impessoal	
dever	ter devido
Infinitivo pessoal	
dever	ter devido
deveres	teres devido
dever	ter devido
devermos	termos devido
deverdes	terdes devido
deverem	terem devido
Gerúndio	
devendo	tendo devido
Particípio	
	devido

MODO IMPERATIVO	
Afirmativo	**Negativo**
deve	não devas
deva	não deva
devamos	não devamos
devei	não devais
devam	não devam

Obs. — A vogal fechada do radical [ə] é substituída pela vogal semi-fechada [e] na 1.ª pessoa do singular do **presente do indicativo**, na 1.ª, 2.ª e 3.ª pessoas do singular e na 3.ª do plural do **presente do conjuntivo** e nas formas do **imperativo** derivadas do conjuntivo; e é substituída pela vogal semi-aberta [ɛ] na 2.ª e 3.ª pessoas do singular e 3.ª do plural do **presente do indicativo** e 2.ª pessoa do singular do **imperativo**.

Modelo: MOER (alteração fonética do radical)

MODO INDICATIVO

Tempos simples	Tempos compostos
Presente	
moo	
móis	
mói	
moemos	
moeis	
moem	
Pretérito imperfeito	
moía	
moías	
moía	
moíamos	
moíeis	
moíam	
Pretérito perfeito	
moí	
moeste	
moeu	
moemos	
moestes	
moeram	
Pretérito mais-que-perfeito	
moera	tinha moído
moeras	tinhas moído
moera	tinha moído
moêramos	tínhamos moído
moêreis	tínheis moído
moeram	tinham moído
Futuro do presente	
moerei	terei moído
moerás	terás moído
moerá	terá moído
moeremos	teremos moído
moereis	tereis moído
moerão	terão moído
Futuro do pretérito	
moeria	teria moído
moerias	terias moído
moeria	teria moído
moeríamos	teríamos moído
moeríeis	teríeis moído
moeriam	teriam moído

MODO IMPERATIVO

Afirmativo	Negativo
mói	não moas
moa	não moa
moamos	não moamos
moei	não moais
moam	não moam

MODO CONJUNTIVO

Tempos simples	Tempos compostos
Presente	
moa	
moas	
moa	
moamos	
moais	
moam	
Pretérito imperfeito	
moesse	
moesses	
moesse	
moêssemos	
moêsseis	
moessem	
Pretérito perfeito	
	tenha moído
	tenhas moído
	tenha moído
	tenhamos moído
	tenhais moído
	tenham moído
Pretérito mais-que-perfeito	
	tivesse moído
	tivesses moído
	tivesse moído
	tivéssemos moído
	tivésseis moído
	tivessem moído
Futuro	
moer	tiver moído
moeres	tiveres moído
moer	tiver moído
moermos	tivermos moído
moerdes	tiverdes moído
moerem	tiverem moído

FORMAS NOMINAIS

Infinitivo impessoal

moer	ter moído

Infinitivo pessoal

moer	ter moído
moeres	teres moído
moer	ter moído
moermos	termos moído
moerdes	terdes moído
moerem	terem moído

Gerúndio

moendo	tendo moído

Particípio

moído

Obs. — 1. Os verbos terminados em -oer apresentam o o do radical semi-fechado na 1.ª pessoa do singular do **presente do indicativo**, nas 1.ª, 2.ª e 3.ª pessoas do singular e 3.ª do plural do **presente do conjuntivo** e nas formas do **imperativo afirmativo** e **negativo** delas derivadas. Nas 2.ª e 3.ª pessoas do singular do **presente do indicativo** e na 2.ª pessoa do singular do **imperativo afirmativo** passa ao ditongo aberto ói. 2. Na 3.ª pessoa do plural do **presente do indicativo** é aberto, mas não i, tal como nos verbos terminados em -air (**saem**) e -uir (**influem**).

Modelo: MOVER (alteração fonética do radical)

MODO INDICATIVO		MODO CONJUNTIVO	
Tempos simples	**Tempos compostos**	**Tempos simples**	**Tempos compostos**
Presente		**Presente**	
movo		mova	
moves		movas	
move		mova	
movemos		movamos	
moveis		movais	
movem		movam	
Pretérito imperfeito		**Pretérito imperfeito**	
movia		movesse	
movias		movesses	
movia		movesse	
movíamos		movêssemos	
movíeis		movêsseis	
moviam		movessem	
Pretérito perfeito		**Pretérito perfeito**	
movi	tenho movido		tenha movido
moveste	tens movido		tenhas movido
moveu	tem movido		tenha movido
movemos	temos movido		tenhamos movido
movestes	tendes movido		tenhais movido
moveram	têm movido		tenham movido
Pretérito mais-que-perfeito		**Pretérito mais-que-perfeito**	
movera	tinha movido		tivesse movido
moveras	tinhas movido		tivesses movido
movera	tinha movido		tivesse movido
movêramos	tínhamos movido		tivéssemos movido
movêreis	tínheis movido		tivésseis movido
moveram	tinham movido		tivessem movido
Futuro do presente		**Futuro**	
moverei	terei movido	mover	tiver movido
moverás	terás movido	moveres	tiveres movido
moverá	terá movido	mover	tiver movido
moveremos	teremos movido	movermos	tivermos movido
movereis	tereis movido	moverdes	tiverdes movido
moverão	terão movido	moverem	tiverem movido
Futuro do pretérito		**FORMAS NOMINAIS**	
moveria	teria movido	**Infinitivo impessoal**	
moverias	terias movido	mover	ter movido
moveria	teria movido	**Infinitivo pessoal**	
moveríamos	teríamos movido	mover	ter movido
moveríeis	teríeis movido	moveres	teres movido
moveriam	teriam movido	mover	ter movido
MODO IMPERATIVO		movermos	termos movido
		moverdes	terdes movido
Afirmativo	**Negativo**	moverem	terem movido
move	não movas	**Gerúndio**	
mova	não mova	movendo	tendo movido
movamos	não movamos	**Particípio**	
movei	não movais	movido	
movam	não movam		

Obs. — A vogal fechada do radical [u] é substituída pela vogal semi-fechada [o] na 1.ª pessoa do singular do **presente do indicativo**, na 1.ª, 2.ª e 3.ª pessoas do singular e na 3.ª do plural do **presente do conjuntivo** e nas formas do **imperativo** derivadas do **conjuntivo**; e é substituída pela vogal semi-aberta [ɔ] na 2.ª e 3.ª pessoas do singular e 3.ª do plural do **presente do indicativo** e 2.ª pessoa do singular do **imperativo**.

Modelo: AGREDIR (alteração fonética do radical)

MODO INDICATIVO

Tempos simples	Tempos compostos
Presente	
agrido	
agrides	
agride	
agredimos	
agredis	
agridem	
Pretérito imperfeito	
agredia	
agredias	
agredia	
agredíamos	
agredíeis	
agrediam	
Pretérito perfeito	
agredi	tenho agredido
agrediste	tens agredido
agrediu	tem agredido
agredimos	temos agredido
agredistes	tendes agredido
agrediram	têm agredido
Pretérito mais-que-perfeito	
agredira	tinha agredido
agrediras	tinhas agredido
agredira	tinha agredido
agredíramos	tínhamos agredido
agredíreis	tínheis agredido
agrediram	tinham agredido
Futuro do presente	
agredirei	terei agredido
agredirás	terás agredido
agredirá	terá agredido
agrediremos	teremos agredido
agredireis	tereis agredido
agredirão	terão agredido
Futuro do pretérito	
agrediria	teria agredido
agredirias	terias agredido
agrediria	teria agredido
agrediríamos	teríamos agredido
agrediríeis	teríeis agredido
agrediriam	teriam agredido

MODO IMPERATIVO

Afirmativo	Negativo
agride	não agridas
agrida	não agrida
agridamos	não agridamos
agredi	não agridais
agridam	não agridam

MODO CONJUNTIVO

Tempos simples	Tempos compostos
Presente	
agrida	
agridas	
agrida	
agridamos	
agridais	
agridam	
Pretérito imperfeito	
agredisse	
agredisses	
agredisse	
agredíssemos	
agredísseis	
agredissem	
Pretérito perfeito	
	tenha agredido
	tenhas agredido
	tenha agredido
	tenhamos agredido
	tenhais agredido
	tenham agredido
Pretérito mais-que-perfeito	
	tivesse agredido
	tivesses agredido
	tivesse agredido
	tivéssemos agredido
	tivésseis agredido
	tivessem agredido
Futuro	
agredir	tiver agredido
agredires	tiveres agredido
agredir	tiver agredido
agredirmos	tivermos agredido
agredirdes	tiverdes agredido
agredirem	tiverem agredido

FORMAS NOMINAIS

Infinitivo impessoal	
agredir	ter agredido

Infinitivo pessoal	
agredir	ter agredido
agredires	teres agredido
agredir	ter agredido
agredirmos	termos agredido
agredirdes	terdes agredido
agredirem	terem agredido

Gerúndio	
agredindo	tendo agredido

Particípio	
	agredido

Obs. — A vogal fechada **e** do radical é substituída por **i** em todas as formas em que essa é a sílaba tónica, nas três pessoas do singular e na 3.ª do plural do **presente do indicativo**, em todas as pessoas do **presente do conjuntivo** e nas formas do **imperativo** derivadas do presente do conjuntivo.

Modelo: DORMIR (alteração fonética do radical)

MODO INDICATIVO		MODO CONJUNTIVO	
Tempos simples	**Tempos compostos**	**Tempos simples**	**Tempos compostos**
Presente		**Presente**	
durmo		durma	
dormes		durmas	
dorme		durma	
dormimos		durmamos	
dormis		durmais	
dormem		durmam	
Pretérito imperfeito		**Pretérito imperfeito**	
dormia		dormisse	
dormias		dormisses	
dormia		dormisse	
dormíamos		dormíssemos	
dormíeis		dormísseis	
dormiam		dormissem	
Pretérito perfeito		**Pretérito perfeito**	
dormi	tenho dormido		tenha dormido
dormiste	tens dormido		tenhas dormido
dormiu	tem dormido		tenha dormido
dormimos	temos dormido		tenhamos dormido
dormistes	tendes dormido		tenhais dormido
dormiram	têm dormido		tenham dormido
Pretérito mais-que-perfeito		**Pretérito mais-que-perfeito**	
dormira	tinha dormido		tivesse dormido
dormiras	tinhas dormido		tivesses dormido
dormira	tinha dormido		tivesse dormido
dormíramos	tínhamos dormido		tivéssemos dormido
dormíreis	tínheis dormido		tivésseis dormido
dormiram	tinham dormido		tivessem dormido
Futuro do presente		**Futuro**	
dormirei	terei dormido	dormir	tiver dormido
dormirás	terás dormido	dormires	tiveres dormido
dormirá	terá dormido	dormir	tiver dormido
dormiremos	teremos dormido	dormirmos	tivermos dormido
dormireis	tereis dormido	dormirdes	tiverdes dormido
dormirão	terão dormido	dormirem	tiverem dormido
Futuro do pretérito		**FORMAS NOMINAIS**	
dormiria	teria dormido	**Infinitivo impessoal**	
dormirias	terias dormido	dormir	tiver dormido
dormiria	teria dormido	**Infinitivo pessoal**	
dormiríamos	teríamos dormido	dormir	ter dormido
dormiríeis	teríeis dormido	dormires	teres dormido
dormiriam	teriam dormido	dormir	ter dormido
MODO IMPERATIVO		dormirmos	termos dormido
		dormirdes	terdes dormido
Afirmativo	**Negativo**	dormirem	terem dormido
dorme	não durmas	**Gerúndio**	
durma	não durma	dormindo	tendo dormido
durmamos	não durmamos	**Particípio**	
dormi	não durmais	dormido	
durmam	não durmam		

Obs. — A vogal fechada do radical [u] é substituída, na escrita, pela vogal **u** na 1.ª pessoa do singular do **presente do indicativo**, em todas as formas do **presente do conjuntivo** e nas formas do **imperativo** derivadas do presente do conjuntivo; e alterna com a vogal semi-aberta [ɔ] na 2.ª e 3.ª pessoas do singular e na 3.ª do plural do **presente do indicativo** e 2.ª do singular do **imperativo afirmativo**.

Modelo: FRIGIR (alteração fonética do radical)

MODO INDICATIVO		MODO CONJUNTIVO	
Tempos simples	Tempos compostos	Tempos simples	Tempos compostos
Presente		**Presente**	
frijo		frija	
freges		frijas	
frege		frija	
frigimos		frijamos	
frigis		frijais	
fregem		frijam	
Pretérito imperfeito		**Pretérito imperfeito**	
frigia		frigisse	
frigias		frigisses	
frigia		frigisse	
frigíamos		frigíssemos	
frigíeis		frigísseis	
frigiam		frigissem	
Pretérito perfeito		**Pretérito perfeito**	
frigi	tenho frigido		tenha frigido
frigiste	tens frigido		tenhas frigido
frigiu	tem frigido		tenha frigido
frigimos	temos frigido		tenhamos frigido
frigistes	tendes frigido		tenhais frigido
frigiram	têm frigido		tenham frigido
Pretérito mais-que-perfeito		**Pretérito mais-que-perfeito**	
frigira	tinha frigido		tivesse frigido
frigiras	tinhas frigido		tivesses frigido
frigira	tinha frigido		tivesse frigido
frigíramos	tínhamos frigido		tivéssemos frigido
frigíreis	tínheis frigido		tivésseis frigido
frigiram	tinham frigido		tivessem frigido
Futuro do presente		**Futuro**	
frigirei	terei frigido	frigir	tiver frigido
frigirás	terás frigido	frigires	tiveres frigido
frigirá	terá frigido	frigir	tiver frigido
frigiremos	teremos frigido	frigirmos	tivermos frigido
frigireis	tereis frigido	frigirdes	tiverdes frigido
frigirão	terão frigido	frigirem	tiverem frigido
Futuro do pretérito			
frigiria	teria frigido	**FORMAS NOMINAIS**	
frigirias	terias frigido	**Infinitivo impessoal**	
frigiria	teria frigido	frigir	ter frigido
frigiríamos	teríamos frigido	**Infinitivo pessoal**	
frigiríeis	teríeis frigido	frigir	ter frigido
frigiriam	teriam frigido	frigires	teres frigido
		frigir	ter frigido
MODO IMPERATIVO		frigirmos	termos frigido
		frigirdes	terdes frigido
Afirmativo	**Negativo**	frigirem	terem frigido
frege	não frijas	**Gerúndio**	
frija	não frija	frigindo	tendo frigido
frijamos	não frijamos	**Particípio**	
frigi	não frijais	frigido/**frito**	
frijam	não frijam		

Obs. — 1. A vogal **i** do radical é substituída pela vogal semi-aberta **e** nas 2.ª e 3.ª pessoas do singular e na 3.ª do plural do **presente do indicativo** e na 2.ª pessoa do singular do **imperativo afirmativo**. 2. A consoante **g** do radical é substituída por **j** antes de **a** e **o**.

Modelo: INFLUIR (verbos terminados em -uir)

MODO INDICATIVO		MODO CONJUNTIVO	
Tempos simples	Tempos compostos	Tempos simples	Tempos compostos
Presente		**Presente**	
influo		influa	
influis		influas	
influi		influa	
influímos		influamos	
influís		influais	
influem		influam	
Pretérito imperfeito		**Pretérito imperfeito**	
influía		influísse	
influías		influísses	
influía		influísse	
influíamos		influíssemos	
influíeis		influísseis	
influíam		influíssem	
Pretérito perfeito		**Pretérito perfeito**	
influí	tenho influído		tenha influído
influíste	tens influído		tenhas influído
influiu	tem influído		tenha influído
influímos	temos influído		tenhamos influído
influístes	tendes influído		tenhais influído
influíram	têm influído		tenham influído
Pretérito mais-que-perfeito		**Pretérito mais-que-perfeito**	
influíra	tinha influído		tivesse influído
influíras	tinhas influído		tivesses influído
influíra	tinha influído		tivesse influído
influíramos	tínhamos influído		tivéssemos influído
influíreis	tínheis influído		tivésseis influído
influíram	tinham influído		tivessem influído
Futuro do presente		**Futuro**	
influirei	terei influído	influir	tiver influído
influirás	terás influído	influíres	tiveres influído
influirá	terá influído	influir	tiver influído
influiremos	teremos influído	influirmos	tivermos influído
influireis	tereis influído	influirdes	tiverdes influído
influirão	terão influído	influírem	tiverem
Futuro do pretérito		**FORMAS NOMINAIS**	
influiria	teria influído	**Infinitivo impessoal**	
influirias	terias influído	influir	ter influído
influiria	teria influído	**Infinitivo pessoal**	
influiríamos	teríamos influído	influir	ter influído
influiríeis	teríeis influído	influíres	teres influído
influiriam	teriam influído	influir	ter influído
MODO IMPERATIVO		influirmos	termos influído
		influirdes	terdes influído
Afirmativo	Negativo	influírem	terem influído
influi	não influas	**Gerúndio**	
influa	não influa	influindo	tendo influído
influamos	não influamos	**Particípio**	
influí	não influais	influído	
influam	não influam		

Obs. — 1. São regulares, mas nas 2.ª e 3.ª pessoas do singular do **presente do indicativo** e na 2.ª pessoa do singular do **imperativo afirmativo**, mantêm o **i** na terminação. 2. Na escrita acentua-se graficamente o **i** tónico sempre que não forma ditongo com a vogal que o precede nem com a vogal que o segue. 3. Os verbos **construir** e **destruir** podem apresentar as formas **constróis (destróis)**, **constrói (destrói)**, **constroem (destroem)** nas 2.ª e 3.ª pessoas do singular e na 3.ª do plural do **presente do indicativo** e **constrói (destrói)** na 2.ª do singular do **imperativo afirmativo**.

Modelo: SERVIR (alteração fonética do radical)

MODO INDICATIVO		MODO CONJUNTIVO	
Tempos simples	**Tempos compostos**	**Tempos simples**	**Tempos compostos**
Presente		**Presente**	
sirvo		sirva	
serves		sirvas	
serve		sirva	
servimos		sirvamos	
servis		sirvais	
servem		sirvam	
Pretérito imperfeito		**Pretérito imperfeito**	
servia		servisse	
servias		servisses	
servia		servisse	
servíamos		servíssemos	
servíeis		servísseis	
serviam		servissem	
Pretérito perfeito		**Pretérito perfeito**	
servi	tenho servido		tenha servido
serviste	tens servido		tenhas servido
serviu	tem servido		tenha servido
servimos	temos servido		tenhamos servido
servistes	tendes servido		tenhais servido
serviram	têm servido		tenham servido
Pretérito mais-que-perfeito		**Pretérito mais-que-perfeito**	
servira	tinha servido		tivesse servido
serviras	tinhas servido		tivesses servido
servira	tinha servido		tivesse servido
servíramos	tínhamos servido		tivéssemos servido
servíreis	tínheis servido		tivésseis servido
serviram	tinham servido		tivessem servido
Futuro do presente		**Futuro**	
servirei	terei servido	servir	tiver servido
servirás	terás servido	servires	tiveres servido
servirá	terá servido	servir	tiver servido
serviremos	teremos servido	servirmos	tivermos servido
servireis	tereis servido	servirdes	tiverdes servido
servirão	terão servido	servirem	tiverem servido
Futuro do pretérito			
serviria	teria servido		
servirias	terias servido		
serviria	teria servido		
serviríamos	teríamos servido		
serviríeis	teríeis servido		
serviriam	teriam servido		

FORMAS NOMINAIS

Infinitivo impessoal

servir — ter servido

Infinitivo pessoal

servir	ter servido
servires	teres servido
servir	ter servido
servirmos	termos servido
servirdes	terdes servido
servirem	terem servido

Gerúndio

servindo — tendo servido

Particípio

servido

MODO IMPERATIVO

Afirmativo	**Negativo**
serve	não sirvas
sirva	não sirva
sirvamos	não sirvamos
servi	não sirvais
sirvam	não sirvam

Obs. — A vogal fechada do radical [ə] é substituída pela vogal i na 1.ª pessoa do singular do **presente do indicativo**, em todas as formas do **presente do conjuntivo** e nas formas do **imperativo** derivadas do presente do conjuntivo; e alterna com vogal semi-aberta [ɛ] na 2.ª e 3.ª pessoas do singular e 3.ª do plural do **presente do indicativo** e na 2.ª do singular do **imperativo afirmativo**.

Modelo: SUBIR (alteração fonética do radical)

MODO INDICATIVO

Tempos simples	Tempos compostos
Presente	
subo	
sobes	
sobe	
subimos	
subis	
sobem	
Pretérito imperfeito	
subia	
subias	
subia	
subíamos	
subíeis	
subiam	
Pretérito perfeito	
subi	tenho subido
subiste	tens subido
subiu	tem subido
subimos	temos subido
subistes	tendes subido
subiram	têm subido
Pretérito mais-que-perfeito	
subira	tinha subido
subiras	tinhas subido
subira	tinha subido
subíramos	tínhamos subido
subíreis	tínheis subido
subiram	tinham subido
Futuro do presente	
subirei	terei subido
subirás	terás subido
subirá	terá subido
subiremos	teremos subido
subireis	tereis subido
subirão	terão subido
Futuro do pretérito	
subiria	teria subido
subirias	terias subido
subiria	teria subido
subiríamos	teríamos subido
subiríeis	teríeis subido
subiriam	teriam subido

MODO IMPERATIVO

Afirmativo	Negativo
sobe	não subas
suba	não suba
subamos	não subamos
subi	não subais
subam	não subais

MODO CONJUNTIVO

Tempos simples	Tempos compostos
Presente	
suba	
subas	
suba	
subamos	
subais	
subam	
Pretérito imperfeito	
subisse	
subisses	
subisse	
subíssemos	
subísseis	
subissem	
Pretérito perfeito	
	tenha subido
	tenhas subido
	tenha subido
	tenhamos subido
	tenhais subido
	tenham subido
Pretérito mais-que-perfeito	
	tivesse subido
	tivesses subido
	tivesse subido
	tivéssemos subido
	tivésseis subido
	tivessem subido
Futuro	
subir	tiver subido
subires	tiveres subido
subir	tiver subido
subirmos	tivermos subido
subirdes	tiverdes subido
subirem	tiverem subido

FORMAS NOMINAIS

Infinitivo impessoal	
subir	ter subido
Infinitivo pessoal	
subir	ter subido
subires	teres subido
subir	ter subido
subirmos	termos subido
subirdes	terdes subido
subirem	terem subido
Gerúndio	
subindo	tendo subido
Particípio	
	subido

Obs. — 1. A vogal fechada do radical [u] alterna com a vogal semi-aberta [ɔ] na 2.ª e 3.ª pessoas do singular, na 3.ª do plural do **presente do indicativo** e na 2.ª pessoa do singular do **imperativo**. 2. Não apresentam alternância vocálica os verbos: **aludir**, **assumir**, **curtir**, **iludir**, **presumir**, **resumir** e todos os verbos terminados em **-uir** (cf. **influir**, pág. 67).

VERBOS IRREGULARES

Modelo: DAR (irregular)

MODO INDICATIVO		MODO CONJUNTIVO	
Tempos simples	**Tempos compostos**	**Tempos simples**	**Tempos compostos**
Presente		*Presente*	
dou		**dê**	
dás		**dês**	
dá		**dê**	
damos		**demos**	
dais		**deis**	
dão		**dêem**	
Pretérito imperfeito		*Pretérito imperfeito*	
dava		**desse**	
davas		**desses**	
dava		**desse**	
dávamos		**déssemos**	
dáveis		**désseis**	
davam		**dessem**	
Pretérito perfeito		*Pretérito perfeito*	
dei	tenho dado		tenha dado
deste	tens dado		tenhas dado
deu	tem dado		tenha dado
demos	temos dado		tenhamos dado
destes	tendes dado		tenhais dado
deram	têm dado		tenham dado
Pretérito mais-que-perfeito		*Pretérito mais-que-perfeito*	
dera	tinha dado		tivesse dado
deras	tinhas dado		tivesses dado
dera	tinha dado		tivesse dado
déramos	tínhamos dado		tivéssemos dado
déreis	tínheis dado		tivésseis dado
deram	tinham dado		tivessem dado
Futuro do presente		*Futuro*	
darei	terei dado	**der**	tiver dado
darás	terás dado	**deres**	tiveres dado
dará	terá dado	**der**	tiver dado
daremos	teremos dado	**dermos**	tivermos dado
dareis	tereis dado	**derdes**	tiverdes dado
darão	terão dado	**derem**	tiverem dado
Futuro do pretérito		**FORMAS NOMINAIS**	
daria	teria dado	*Infinitivo impessoal*	
darias	terias dado	dar	ter dado
daria	teria dado	*Infinitivo pessoal*	
daríamos	teríamos dado	dar	ter dado
daríeis	teríeis dado	dares	teres dado
dariam	teriam dado	dar	ter dado
MODO IMPERATIVO		darmos	termos dado
		dardes	terdes dado
		darem	terem dado
Afirmativo	**Negativo**	*Gerúndio*	
dá	não **dês**	dando	tendo dado
dê	não **dê**	*Particípio*	
demos	não demos	dado	
dai	não deis		
dêem	não **dêem**		

73

Modelo: INCENDIAR (irregular)

MODO INDICATIVO

Tempos simples	Tempos compostos

Presente

incendeio
incendeias
incendeia
incendiamos
incendiais
incendeiam

Pretérito imperfeito

incendiava
incendiavas
incendiava
incendiávamos
incendiáveis
incendiavam

Pretérito perfeito

incendiei	tenho incendiado
incendiaste	tens incendiado
incendiou	tem incendiado
incendiámos	temos incendiado
incendiastes	tendes incendiado
incendiaram	têm incendiado

Pretérito mais-que-perfeito

incendiara	tinha incendiado
incendiaras	tinhas incendiado
incendiara	tinha incendiado
incendiáramos	tínhamos incendiado
incendiáreis	tínheis incendiado
incendiaram	tinham incendiado

Futuro do presente

incendiarei	terei incendiado
incendiarás	terás incendiado
incendiará	terá incendiado
incendiaremos	teremos incendiado
incendiareis	tereis incendiado
incendiarão	terão incendiado

Futuro do pretérito

incendiaria	teria incendiado
incendiarias	terias incendiado
incendiaria	teria incendiado
incendiaríamos	teríamos incendiado
incendiaríeis	teríeis incendiado
incendiariam	teriam incendiado

MODO IMPERATIVO

Afirmativo	Negativo
incendeia	não incendeies
incendeie	não incendeie
incendiemos	não incendiemos
incendiai	não incendieis
incendeiem	não incendeiem

MODO CONJUNTIVO

Tempos simples	Tempos compostos

Presente

incendeie
incendeies
incendeie
incendiemos
incendieis
incendeiem

Pretérito imperfeito

incendiasse
incendiasses
incendiasse
incendiássemos
incendiásseis
incendiassem

Pretérito perfeito

tenha incendiado
tenhas incendiado
tenha incendiado
tenhamos incendiado
tenhais incendiado
tenham incendiado

Pretérito mais-que-perfeito

tivesse incendiado
tivesses incendiado
tivesse incendiado
tivéssemos incendiado
tivésseis incendiado
tivessem incendiado

Futuro

incendiar	tiver incendiado
incendiares	tiveres incendiado
incendiar	tiver incendiado
incendiarmos	tivermos incendiado
incendiardes	tiverdes incendiado
incendiarem	tiverem incendiado

FORMAS NOMINAIS

Infinitivo impessoal

incendiar	ter incendiado

Infinitivo pessoal

incendiar	ter incendiado
incendiares	teres incendiado
incendiar	ter incendiado
incendiarmos	termos incendiado
incendiardes	terdes incendiado
incendiarem	terem incendiado

Gerúndio

incendiando	tendo incendiado

Particípio

incendiado

Obs. — 1. Como este se conjugam: **ansiar, mediar, odiar** e **remediar**. 2. Os verbos **agenciar, comerciar, negociar, obsequiar, premiar, presenciar** e **sentenciar** tanto seguem o modelo **incendiar**, como se conjugam regularmente: **negoceio** ou **negocio**. 3. **Regra geral**, os verbos terminados em **-iar** são regulares.

Modelo: PASSEAR (irregular)

MODO INDICATIVO		MODO CONJUNTIVO	
Tempos simples	Tempos compostos	Tempos simples	Tempos compostos

Presente

passeio		passeie	
passeias		passeies	
passeia		passeie	
passeamos		passeemos	
passeais		passeeis	
passeiam		passeiem	

Pretérito imperfeito

passeava		passeasse	
passeavas		passeasses	
passeava		passeasse	
passeávamos		passeássemos	
passeáveis		passeásseis	
passeavam		passeassem	

Pretérito perfeito

passeei	tenho passeado		tenha passeado
passeaste	tens passeado		tenhas passeado
passeou	tem passeado		tenha passeado
passeámos	temos passeado		tenhamos passeado
passeastes	tendes passeado		tenhais passeado
passearam	têm passeado		tenham passeado

Pretérito mais-que-perfeito

passeara	tinha passeado		tivesse passeado
passearas	tinhas passeado		tivesses passeado
passeara	tinha passeado		tivesse passeado
passeáramos	tínhamos passeado		tivéssemos passeado
passeáreis	tínheis passeado		tivésseis passeado
passearam	tinham passeado		tivessem passeado

Futuro do presente / **Futuro**

passearei	terei passeado	passear	tiver passeado
passearás	terás passeado	passeares	tiveres passeado
passeará	terá passeado	passear	tiver passeado
passearemos	teremos passeado	passearmos	tivermos passeado
passeareis	tereis passeado	passeardes	tiverdes passeado
passearão	terão passeado	passearem	tiverem passeado

Futuro do pretérito

passearia	teria passeado
passearias	terias passeado
passearia	teria passeado
passearíamos	teríamos passeado
passearíeis	teríeis passeado
passeariam	teriam passeado

FORMAS NOMINAIS

Infinitivo impessoal

passear	ter passeado

Infinitivo pessoal

passear	ter passeado
passeares	teres passeado
passear	ter passeado
passearmos	termos passeado
passeardes	terdes passeado
passearem	terem passeado

Gerúndio

passeando	tendo passeado

Particípio

passeado

MODO IMPERATIVO

Afirmativo	Negativo
passeia	não passeies
passeie	não passeie
passeemos	não passeemos
passeai	não passeeis
passeiem	não passeiem

Obs. — Como este se conjugam todos os verbos terminados em **-ear**.

Modelo: CABER (irregular)

MODO INDICATIVO		MODO CONJUNTIVO	
Tempos simples	**Tempos compostos**	**Tempos simples**	**Tempos compostos**
Presente		*Presente*	
caibo		caiba	
cabes		caibas	
cabe		caiba	
cabemos		caibamos	
cabeis		caibais	
cabem		caibam	
Pretérito imperfeito		*Pretérito imperfeito*	
cabia		coubesse	
cabias		coubesses	
cabia		coubesse	
cabíamos		coubéssemos	
cabíeis		coubésseis	
cabiam		coubessem	
Pretérito perfeito		*Pretérito perfeito*	
coube	tenho cabido		tenha cabido
coubeste	tens cabido		tenhas cabido
coube	tem cabido		tenha cabido
coubemos	temos cabido		tenhamos cabido
coubestes	tendes cabido		tenhais cabido
couberam	têm cabido		tenham cabido
Pretérito mais-que-perfeito		*Pretérito mais-que-perfeito*	
coubera	tinha cabido		tivesse cabido
couberas	tinhas cabido		tivesses cabido
coubera	tinha cabido		tivesse cabido
coubéramos	tínhamos cabido		tivéssemos cabido
coubéreis	tínheis cabido		tivésseis cabido
couberam	tinham cabido		tivessem cabido
Futuro do presente		*Futuro*	
caberei	terei cabido	couber	tiver cabido
caberás	terás cabido	couberes	tiveres cabido
caberá	terá cabido	couber	tiver cabido
caberemos	teremos cabido	coubermos	tivermos cabido
cabereis	tereis cabido	couberdes	tiverdes cabido
caberão	terão cabido	couberem	tiverem cabido
Futuro do pretérito		**FORMAS NOMINAIS**	
caberia	teria cabido	*Infinitivo impessoal*	
caberias	terias cabido	caber	ter cabido
caberia	teria cabido	*Infinitivo pessoal*	
caberíamos	teríamos cabido	caber	ter cabido
caberíeis	teríeis cabido	caberes	teres cabido
caberiam	teriam cabido	caber	ter cabido
MODO IMPERATIVO		cabermos	termos cabido
		caberdes	terdes cabido
		caberem	terem cabido
		Gerúndio	
(Não tem)		cabendo	tendo cabido
		Particípio	
		cabido	

Modelo: DIZER (irregular)

MODO INDICATIVO		MODO CONJUNTIVO	
Tempos simples	**Tempos compostos**	**Tempos simples**	**Tempos compostos**

MODO INDICATIVO / MODO CONJUNTIVO

Presente

Tempos simples	Tempos compostos	Tempos simples	Tempos compostos
digo		**diga**	
dizes		**digas**	
diz		**diga**	
dizemos		**digamos**	
dizeis		**digais**	
dizem		**digam**	

Pretérito imperfeito

dizia		**dissesse**	
dizias		**dissesses**	
dizia		**dissesse**	
dizíamos		**disséssemos**	
dizíeis		**dissésseis**	
diziam		**dissessem**	

Pretérito perfeito

disse	tenho dito		tenha dito
disseste	tens dito		tenhas dito
disse	tem dito		tenha dito
dissemos	temos dito		tenhamos dito
dissestes	tendes dito		tenhais dito
disseram	têm dito		tenham dito

Pretérito mais-que-perfeito

dissera	tinha dito		tivesse dito
disseras	tinhas dito		tivesses dito
dissera	tinha dito		tivesse dito
disséramos	tínhamos dito		tivéssemos dito
disséreis	tínheis dito		tivésseis dito
disseram	tinham dito		tivessem dito

Futuro do presente / Futuro

direi	terei dito	**disser**	tiver dito
dirás	terás dito	**disseres**	tiveres dito
dirá	terá dito	**disser**	tiver dito
diremos	teremos dito	**dissermos**	tivermos dito
direis	tereis dito	**disserdes**	tiverdes dito
dirão	terão dito	**disserem**	tiverem dito

Futuro do pretérito

diria	teria dito
dirias	erias dito
diria	teria dito
diríamos	teríamos dito
diríeis	teríeis dito
diriam	teriam dito

MODO IMPERATIVO

Afirmativo	Negativo
diz/dize	não **digas**
diga	não **diga**
digamos	não **digamos**
dizei	não **digais**
digam	não **digam**

FORMAS NOMINAIS

Infinitivo impessoal

dizer	ter dito

Infinitivo pessoal

dizer	ter dito
dizeres	teres dito
dizer	ter dito
dizermos	termos dito
dizerdes	terdes dito
dizerem	terem dito

Gerúndio

dizendo	tendo dito

Particípio

dito

Obs. — 1. Muda o **z** em **g** na 1.ª pessoa do singular do **presente do indicativo**, em todo o **presente do conjuntivo** e nas pessoas derivadas deste tempo no **imperativo**. Muda o **z** em **r** no **futuro do presente** e no **futuro do pretérito do modo indicativo** e o **z** em **ss** no **pretérito perfeito do modo indicativo** e nos tempos derivados dele. 2. Tem o **particípio** irregular.

Modelo: FAZER (irregular)

MODO INDICATIVO		MODO CONJUNTIVO	
Tempos simples	**Tempos compostos**	**Tempos simples**	**Tempos compostos**
Presente		Presente	
faço		**faça**	
fazes		**faças**	
faz		**faça**	
fazemos		**façamos**	
fazeis		**façais**	
fazem		**façam**	
Pretérito imperfeito		Pretérito imperfeito	
fazia		fizesse	
fazias		fizesses	
fazia		fizesse	
fazíamos		fizéssemos	
fazíeis		fizésseis	
faziam		fizessem	
Pretérito perfeito		Pretérito perfeito	
fiz	tenho feito		tenha feito
fizeste	tens feito		tenhas feito
fez	tem feito		tenha feito
fizemos	temos feito		tenhamos feito
fizestes	tendes feito		tenhais feito
fizeram	têm feito		tenham feito
Pretérito mais-que-perfeito		Pretérito mais-que-perfeito	
fizera	tinha feito		tivesse feito
fizeras	tinhas feito		tivesses feito
fizera	tinha feito		tivesse feito
fizéramos	tínhamos feito		tivéssemos feito
fizéreis	tínheis feito		tivésseis feito
fizeram	tinham feito		tivessem feito
Futuro do presente		Futuro	
farei	terei feito	**fizer**	tiver feito
farás	terás feito	**fizeres**	tiveres feito
fará	terá feito	**fizer**	tiver feito
faremos	teremos feito	**fizermos**	tivermos feito
fareis	tereis feito	**fizerdes**	tiverdes feito
farão	terão feito	**fizerem**	tiverem feito
Futuro do pretérito			
faria	teria feito		
farias	terias feito		
faria	teria feito		
faríamos	teríamos feito		
faríeis	teríeis feito		
fariam	teriam feito		

FORMAS NOMINAIS	
Infinitivo impessoal	
fazer	ter feito
Infinitivo pessoal	
fazer	ter feito
fazeres	teres feito
fazer	ter feito
fazermos	termos feito
fazerdes	terdes feito
fazerem	terem feito
Gerúndio	
fazendo	tendo feito
Particípio	
feito	

MODO IMPERATIVO

Afirmativo	Negativo
faz/faze	não **faças**
faça	não **faça**
façamos	não **façamos**
fazei	não **façais**
façam	não **façam**

Obs. — 1. Muda o **z** em **ç** na 1.ª pessoa do singular do presente do indicativo, em todo o **presente do conjuntivo** e nas pessoas derivadas deste tempo no **imperativo**. Muda o **z** em **r** no **futuro do presente** e no **futuro do pretérito do indicativo**. 2. Tem o **particípio** irregular.

Modelo: LER (irregular)

MODO INDICATIVO		MODO CONJUNTIVO	
Tempos simples	Tempos compostos	Tempos simples	Tempos compostos
Presente		**Presente**	
leio		**leia**	
lês		**leias**	
lê		**leia**	
lemos		**leiamos**	
ledes		**leiais**	
lêem		**leiam**	
Pretérito imperfeito		**Pretérito imperfeito**	
lia		lesse	
lias		lesses	
lia		lesse	
líamos		lêssemos	
líeis		lêsseis	
liam		lessem	
Pretérito perfeito		**Pretérito perfeito**	
li	tenho lido		tenha lido
leste	tens lido		tenhas lido
leu	tem lido		tenha lido
lemos	temos lido		tenhamos lido
lestes	tendes lido		tenhais lido
leram	têm lido		tenham lido
Pretérito mais-que-perfeito		**Pretérito mais-que-perfeito**	
lera	tinha lido		tivesse lido
leras	tinhas lido		tivesses lido
lera	tinha lido		tivesse lido
lêramos	tínhamos lido		tivéssemos lido
lêreis	tínheis lido		tivésseis lido
leram	tinham lido		tivessem lido
Futuro do presente		**Futuro**	
lerei	terei lido	ler	tiver lido
lerás	terás lido	leres	tiveres lido
lerá	terá lido	ler	tiver lido
leremos	teremos lido	lermos	tivermos lido
lereis	tereis lido	lerdes	tiverdes lido
lerão	terão lido	lerem	tiverem lido
Futuro do pretérito		**FORMAS NOMINAIS**	
leria	teria lido	**Infinitivo impessoal**	
lerias	terias lido	ler	ter lido
leria	teria lido	**Infinitivo pessoal**	
leríamos	teríamos lido	ler	ter lido
leríeis	teríeis lido	leres	teres lido
leriam	teriam lido	ler	ter lido
MODO IMPERATIVO		lermos	termos lido
		lerdes	terdes lido
Afirmativo	Negativo	lerem	terem lido
lê	não **leias**	**Gerúndio**	
leia	não **leia**	lendo	tendo lido
leiamos	não **leiamos**	**Particípio**	
lede	não **leiais**	lido	
leiam	não **leiam**		

Obs. — É irregular no **presente do indicativo**. Esta irregularidade transmite-se ao **presente do conjuntivo** e ao **imperativo**.

Modelo: PERDER (irregular) To Lose

MODO INDICATIVO		MODO CONJUNTIVO	
Tempos simples	**Tempos compostos**	**Tempos simples**	**Tempos compostos**
Presente		**Presente**	
perco		perca	
perdes		percas	
perde		perca	
perdemos		percamos	
perdeis		percais	
perdem		percam	
Pretérito imperfeito		**Pretérito imperfeito**	
perdia		perdesse	
perdias		perdesses	
perdia		perdesse	
perdíamos		perdêssemos	
perdíeis		perdêsseis	
perdiam		perdessem	
Pretérito perfeito		**Pretérito perfeito**	
perdi	tenho perdido		tenha perdido
perdeste	tens perdido		tenhas perdido
perdeu	tem perdido		tenha perdido
perdemos	temos perdido		tenhamos perdido
perdestes	tendes perdido		tenhais perdido
perderam	têm perdido		tenham perdido
Pretérito mais-que-perfeito		**Pretérito mais-que-perfeito**	
perdera	tinha perdido		tivesse perdido
perderas	tinhas perdido		tivesses perdido
perdera	tinha perdido		tivesse perdido
perdêramos	tínhamos perdido		tivéssemos perdido
perdêreis	tínheis perdido		tivésseis perdido
perderam	tinham perdido		tivessem perdido
Futuro do presente		**Futuro**	
perderei	terei perdido	perder	tiver perdido
perderás	terás perdido	perderes	tiveres perdido
perderá	terá perdido	perder	tiver perdido
perderemos	teremos perdido	perdermos	tivermos perdido
perdereis	tereis perdido	perderdes	tiverdes perdido
perderão	terão perdido	perderem	tiverem perdido
Futuro do pretérito		**FORMAS NOMINAIS**	
perderia	teria perdido	**Infinitivo impessoal**	
perderias	terias perdido	perder	ter perdido
perderia	teria perdido	**Infinitivo pessoal**	
perderíamos	teríamos perdido	perder	ter perdido
perderíeis	teríeis perdido	perderes	teres perdido
perderiam	teriam perdido	perder	ter perdido
MODO IMPERATIVO		perdermos	termos perdido
		perderdes	terdes perdido
Afirmativo	**Negativo**	perderem	terem perdido
perde	não **percas**	**Gerúndio**	
perca	não **perca**	perdendo	tendo perdido
percamos	não **percamos**	**Particípio**	
perdei	não **percais**	perdido	
percam	não **percam**		

Obs. — É irregular no **presente do indicativo**. Esta irregularidade transmite-se ao **presente do conjuntivo** e ao **imperativo**, nas formas derivadas do presente do conjuntivo.

Modelo: PODER (irregular)

MODO INDICATIVO		MODO CONJUNTIVO	
Tempos simples	**Tempos compostos**	**Tempos simples**	**Tempos compostos**
Presente		**Presente**	
posso		possa	
podes		possas	
pode		possa	
podemos		possamos	
podeis		possais	
podem		possam	
Pretérito imperfeito		**Pretérito imperfeito**	
podia		pudesse	
podias		pudesses	
podia		pudesse	
podíamos		pudéssemos	
podíeis		pudésseis	
podiam		pudessem	
Pretérito perfeito		**Pretérito perfeito**	
pude	tenho podido		tenha podido
pudeste	tens podido		tenhas podido
pôde	tem podido		tenha podido
pudemos	temos podido		tenhamos podido
pudestes	tendes podido		tenhais podido
puderam	têm podido		tenham podido
Pretérito mais-que-perfeito		**Pretérito mais-que-perfeito**	
pudera	tinha podido		tivesse podido
puderas	tinhas podido		tivesses podido
pudera	tinha podido		tivesse podido
pudéramos	tínhamos podido		tivéssemos podido
pudéreis	tínheis podido		tivésseis podido
puderam	tinham podido		tivessem podido
Futuro do presente		**Futuro**	
poderei	terei podido	puder	tiver podido
poderás	terás podido	puderes	tiveres podido
poderá	terá podido	puder	tiver podido
poderemos	teremos podido	pudermos	tivermos podido
podereis	tereis podido	puderdes	tiverdes podido
poderão	terão podido	puderem	tiverem podido
Futuro do pretérito		**FORMAS NOMINAIS**	
poderia	teria podido	**Infinitivo impessoal**	
poderias	terias podido	poder	ter podido
poderia	teria podido	**Infinitivo pessoal**	
poderíamos	teríamos podido	poder	ter podido
poderíeis	teríeis podido	poderes	teres podido
poderiam	teriam podido	poder	ter podido
		podermos	termos podido
MODO IMPERATIVO		poderdes	terdes podido
		poderem	terem podido
		Gerúndio	
(Não tem)		podendo	ter podido
		Particípio	
		podido	

Obs. — 1. Pela sua significação, não tem imperativo. 2. Regista alternância vocálica: a vogal fechada do radical é substituída pela vogal semi-aberta [ɔ] na 1.ª, 2.ª e 3.ª pessoas do singular e na 3.ª pessoa do plural do **presente do indicativo** e em todas as formas do **presente do conjuntivo**.

Modelo: PÔR (irregular)

MODO INDICATIVO

Tempos simples	Tempos compostos
Presente	
ponho	
pões	
põe	
pomos	
pondes	
põem	
Pretérito imperfeito	
punha	
punhas	
punha	
púnhamos	
púnheis	
punham	
Pretérito perfeito	
pus	tenho posto
puseste	tens posto
pôs	tem posto
pusemos	temos posto
pusestes	tendes posto
puseram	têm posto
Pretérito mais-que-perfeito	
pusera	tinha posto
puseras	tinhas posto
pusera	tinha posto
puséramos	tínhamos posto
puséreis	tínheis posto
puseram	tinham posto
Futuro do presente	
porei	terei posto
porás	terás posto
porá	terá posto
poremos	teremos posto
poreis	tereis posto
porão	terão posto
Futuro do pretérito	
poria	teria posto
porias	terias posto
poria	teria posto
poríamos	teríamos posto
poríeis	teríeis posto
poriam	teriam posto

MODO IMPERATIVO

Afirmativo	Negativo
põe	não **ponhas**
ponha	não **ponha**
ponhamos	não **ponhamos**
ponde	não **ponhais**
ponham	não **ponham**

MODO CONJUNTIVO

Tempos simples	Tempos compostos
Presente	
ponha	
ponhas	
ponha	
ponhamos	
ponhais	
ponham	
Pretérito imperfeito	
pusesse	
pusesses	
pusesse	
puséssemos	
pusésseis	
pusessem	
Pretérito perfeito	
	tenha posto
	tenhas posto
	tenha posto
	tenhamos posto
	tenhais posto
	tenham posto
Pretérito mais-que-perfeito	
	tivesse posto
	tivesses posto
	tivesse posto
	tivéssemos posto
	tivésseis posto
	tivessem posto
Futuro	
puser	tiver posto
puseres	tiveres posto
puser	tiver posto
pusermos	tivermos posto
puserdes	tiverdes posto
puserem	tiverem posto

FORMAS NOMINAIS

Infinitivo impessoal	
pôr	ter posto
Infinitivo pessoal	
pôr	ter posto
pores	teres posto
pôr	ter posto
pormos	termos posto
pordes	terdes posto
porem	terem posto
Gerúndio	
pondo	tendo posto
Particípio	
posto	

Modelo: PRAZER (irregular)

MODO INDICATIVO		MODO CONJUNTIVO	
Tempos simples	**Tempos compostos**	**Tempos simples**	**Tempos compostos**
Presente		Presente	
praz		praza	
Pretérito imperfeito		Pretérito imperfeito	
prazia		prouvesse	
Pretérito perfeito		Pretérito perfeito	
prouve	tem prazido		tenha prazido
Pretérito mais-que-perfeito		Pretérito mais-que-perfeito	
prouvera	tinha prazido		tivesse prazido
Futuro do presente		Futuro	
prazerá	terá prazido	prouver	tiver prazido
Futuro do pretérito			
prazeria	teria prazido		

FORMAS NOMINAIS	
Infinitivo impessoal	
prazer	ter prazido
Infinitivo pessoal	
(Não tem)	
Gerúndio	
prazendo	tendo prazido
Particípio	
prazido	

MODO IMPERATIVO

(Não tem)

Obs. — 1. É um verbo defectivo impessoal. 2. É irregular no **presente do indicativo**, no **pretérito perfeito do indicativo** e nos tempos formados do radical do pretérito perfeito do indicativo. 3. Como **prazer** se conjugam **aprazer** e **desprazer**. 4. O verbo **comprazer** é regular, seguindo o modelo **viver**. Apenas é irregular na 3.ª pessoa do presente do indicativo (**compraz**). 5. Não tem **imperativo**.

Modelo: QUERER (irregular)

MODO INDICATIVO		MODO CONJUNTIVO	
Tempos simples	**Tempos compostos**	**Tempos simples**	**Tempos compostos**
Presente		**Presente**	
quero		**queira**	
queres		**queiras**	
quer		**queira**	
queremos		**queiramos**	
quereis		**queirais**	
querem		**queiram**	
Pretérito imperfeito		**Pretérito imperfeito**	
queria		**quisesse**	
querias		**quisesses**	
queria		**quisesse**	
queríamos		**quiséssemos**	
queríeis		**quisésseis**	
queriam		**quisessem**	
Pretérito perfeito		**Pretérito perfeito**	
quis	tenho querido		tenha querido
quiseste	tens querido		tenhas querido
quis	tem querido		tenha querido
quisemos	temos querido		tenhamos querido
quisestes	tendes querido		tenhais querido
quiseram	têm querido		tenham querido
Pretérito mais-que-perfeito		**Pretérito mais-que-perfeito**	
quisera	tinha querido		tivesse querido
quiseras	tinhas querido		tivesses querido
quisera	tinha querido		tivesse querido
quiséramos	tínhamos querido		tivéssemos querido
quiséreis	tínheis querido		tivésseis querido
quiseram	tinham querido		tivessem querido
Futuro do presente		**Futuro**	
quererei	terei querido	**quiser**	tiver querido
quererás	terás querido	**quiseres**	tiveres querido
quererá	terá querido	**quiser**	tiver querido
quereremos	teremos querido	**quisermos**	tivermos querido
querereis	tereis querido	**quiserdes**	tiverdes querido
quererão	teriam querido	**quiserem**	tiverem querido
Futuro do pretérito		**FORMAS NOMINAIS**	
quereria	teria querido	**Infinitivo impessoal**	
quererias	terias querido	querer	ter querido
quereria	teria querido	**Infinitivo pessoal**	
quereríamos	teríamos querido	querer	ter querido
quereríeis	teríeis querido	quereres	teres querido
quereriam	teriam querido	querer	ter querido
MODO IMPERATIVO		querermos	termos querido
Afirmativo	**Negativo**	quererdes	terdes querido
	não queiras	quererem	terem querido
	não queira	**Gerúndio**	
(Não tem)	não queiramos	querendo	tendo querido
	não queirais	**Particípio**	
	não queiram	querido	

Obs. — 1. Não se usa o imperativo afirmativo. 2. A 3.ª pessoa do singular do **presente do indicativo** tem também a forma **quere**, quando vem acompanhado de um pronome enclítico: **quere-o**. 3. O verbo derivado **requerer** faz **requeiro** na 1.ª pessoa do singular do **presente do indicativo** e é regular no **pretérito perfeito do indicativo** e nos tempos derivados do seu radical: **requeri, requereste, requereu**, etc.; **requerera, requereras, requerera**, etc.; **requeresse, requeresses, requeresse**, etc.; **requerer, requereres, requerer**, etc. E usa-se no **imperativo: requer, requeira, requeiramos, requerei, requeiram**. No **presente do conjuntivo** faz **requeira, requeiras, requeira**, etc.

Modelo: SABER (irregular)

MODO INDICATIVO		MODO CONJUNTIVO	
Tempos simples	**Tempos compostos**	**Tempos simples**	**Tempos compostos**
Presente		**Presente**	
sei		**saiba**	
sabes		**saibas**	
sabe		**saiba**	
sabemos		**saibamos**	
sabeis		**saibais**	
sabem		**saibam**	
Pretérito imperfeito		**Pretérito imperfeito**	
sabia		**soubesse**	
sabias		**soubesses**	
sabia		**soubesse**	
sabíamos		**soubéssemos**	
sabíeis		**soubésseis**	
sabiam		**soubessem**	
Pretérito perfeito		**Pretérito perfeito**	
soube	tenho sabido		tenha sabido
soubeste	tens sabido		tenhas sabido
soube	tem sabido		tenha sabido
soubemos	temos sabido		tenhamos sabido
soubestes	tendes sabido		tenhais sabido
souberam	têm sabido		tenham sabido
Pretérito mais-que-perfeito		**Pretérito mais-que-perfeito**	
soubera	tinha sabido		tivesse sabido
souberas	tinhas sabido		tivesses sabido
soubera	tinha sabido		tivesse sabido
soubéramos	tínhamos sabido		tivéssemos sabido
soubéreis	tínheis sabido		tivésseis sabido
souberam	tinham sabido		tivessem sabido
Futuro do presente		**Futuro**	
saberei	terei sabido	**souber**	tiver sabido
saberás	terás sabido	**souberes**	tiveres sabido
saberá	terá sabido	**souber**	tiver sabido
saberemos	teremos sabido	**soubermos**	tivermos sabido
sabereis	tereis sabido	**souberdes**	tiverdes sabido
saberão	terão sabido	**souberem**	tiverem sabido
Futuro do pretérito		**FORMAS NOMINAIS**	
saberia	teria sabido	**Infinitivo impessoal**	
saberias	terias sabido	saber	ter sabido
saberia	teria sabido	**Infinitivo pessoal**	
saberíamos	teríamos sabido	saber	ter sabido
saberíeis	teríeis sabido	saberes	teres sabido
saberiam	teriam sabido	saber	ter sabido
MODO IMPERATIVO		sabermos	termos sabido
		saberdes	terdes sabido
Afirmativo	**Negativo**	saberem	terem sabido
sabe	não **saibas**	**Gerúndio**	
saiba	não **saiba**	sabendo	tendo sabido
saibamos	não **saibamos**	**Particípio**	
sabei	não **saibais**	sabido	
saibam	não **saibam**		

Modelo: TRAZER (irregular)

MODO INDICATIVO		MODO CONJUNTIVO	
Tempos simples	Tempos compostos	Tempos simples	Tempos compostos

MODO INDICATIVO		MODO CONJUNTIVO	
Presente		**Presente**	
trago		traga	
trazes		tragas	
traz		traga	
trazemos		tragamos	
trazeis		tragais	
trazem		tragam	
Pretérito imperfeito		**Pretérito imperfeito**	
trazia		trouxesse	
trazias		trouxesses	
trazia		trouxesse	
trazíamos		trouxéssemos	
trazíeis		trouxésseis	
traziam		trouxessem	
Pretérito perfeito		**Pretérito perfeito**	
trouxe	tenho trazido		tenha trazido
trouxeste	tens trazido		tenhas trazido
trouxe	tem trazido		tenha trazido
trouxemos	temos trazido		tenhamos trazido
trouxestes	tendes trazido		tenhais trazido
trouxeram	têm trazido		tenham trazido
Pretérito mais-que-perfeito		**Pretérito mais-que-perfeito**	
trouxera	tinha trazido		tivesse trazido
trouxeras	tinhas trazido		tivesses trazido
trouxera	tinha trazido		tivesse trazido
trouxéramos	tínhamos trazido		tivéssemos trazido
trouxéreis	tínheis trazido		tivésseis trazido
trouxeram	tinham trazido		tivessem trazido
Futuro do presente		**Futuro**	
trarei	terei trazido	trouxer	tiver trazido
trarás	terás trazido	trouxeres	tiveres trazido
trará	terá trazido	trouxer	tiver trazido
traremos	teremos trazido	trouxermos	tivermos trazido
trareis	tereis trazido	trouxerdes	tiverdes trazido
trarão	terão trazido	trouxerem	tiverem trazido

Futuro do pretérito		FORMAS NOMINAIS	
traria	teria trazido	**Infinitivo impessoal**	
trarias	terias trazido	trazer	ter trazido
traria	teria trazido	**Infinitivo pessoal**	
traríamos	teríamos trazido	trazer	ter trazido
traríeis	teríeis trazido	trazeres	teres trazido
trariam	teriam trazido	trazer	ter trazido
		trazermos	termos trazido
MODO IMPERATIVO		trazerdes	terdes trazido
		trazerem	terem trazido
Afirmativo	Negativo	**Gerúndio**	
traz/traze	não **tragas**	trazendo	ter trazido
traga	não **traga**	**Particípio**	
tragamos	não **tragamos**	trazido	
trazei	não **tragais**		
tragam	não **tragam**		

Obs. — Muda o **z** em **g** na 1.ª pessoa do singular do **presente do indicativo**, em todo o **presente do conjuntivo** e nas pessoas derivadas deste tempo no **imperativo**. Muda o **z** em **r** no **futuro do presente** e no **futuro do pretérito do indicativo**.

Modelo: VALER (irregular)

MODO INDICATIVO

Tempos simples	Tempos compostos

Presente

valho
vales
vale
valemos
valeis
valem

Pretérito imperfeito

valia
valias
valia
valíamos
valíeis
valiam

Pretérito perfeito

vali	tenho valido
valeste	tens valido
valeu	tem valido
valemos	temos valido
valestes	tendes valido
valeram	têm valido

Pretérito mais-que-perfeito

valera	tinha valido
valeras	tinhas valido
valera	tinha valido
valêramos	tínhamos valido
valêreis	tínheis valido
valeram	tinham valido

Futuro do presente

valerei	terei valido
valerás	terás valido
valerá	terá valido
valeremos	teremos valido
valereis	tereis valido
valerão	terão valido

Futuro do pretérito

valeria	teria valido
valerias	terias valido
valeria	teria valido
valeríamos	teríamos valido
valeríeis	teríeis valido
valeriam	teriam valido

MODO IMPERATIVO

Afirmativo	Negativo
vale	não **valhas**
valha	não **valha**
valhamos	não **valhamos**
valei	não **valhais**
valham	não **valham**

MODO CONJUNTIVO

Tempos simples	Tempos compostos

Presente

valha
valhas
valha
valhamos
valhais
valham

Pretérito imperfeito

valesse
valesses
valesse
valêssemos
valêsseis
valessem

Pretérito perfeito

	tenha valido
	tenhas valido
	tenha valido
	tenhamos valido
	tenhais valido
	tenham valido

Pretérito mais-que-perfeito

	tivesse valido
	tivesses valido
	tivesse valido
	tivéssemos valido
	tivésseis valido
	tivessem valido

Futuro

valer	tiver valido
valeres	tiveres valido
valer	tiver valido
valermos	tivermos valido
valerdes	tiverdes valido
valerem	tiverem valido

FORMAS NOMINAIS

Infinitivo impessoal

valer	ter valido

Infinitivo pessoal

valer	ter valido
valeres	teres valido
valer	ter valido
valermos	termos valido
valerdes	terdes valido
valerem	terem valido

Gerúndio

valendo	tendo valido

Particípio

valido

Obs. — É irregular na 1ª pessoa do **presente do indicativo** e, consequentemente, no **presente do conjuntivo** e no **imperativo**. O radical **val-** muda-se em **valh-**.

Modelo: VER (irregular)

MODO INDICATIVO

Tempos simples	Tempos compostos
Presente	
vejo	
vês	
vê	
vemos	
vêdes	
vêem	
Pretérito imperfeito	
via	
vias	
via	
víamos	
víeis	
viam	
Pretérito perfeito	
vi	tenho visto
viste	tens visto
viu	tem visto
vimos	temos visto
vistes	tendes visto
viram	têm visto
Pretérito mais-que-perfeito	
vira	tinha visto
viras	tinhas visto
vira	tinha visto
víramos	tínhamos visto
víreis	tínheis visto
viram	tinham visto
Futuro do presente	
verei	terei visto
verás	terás visto
verá	terá visto
veremos	teremos visto
vereis	tereis visto
verão	terão visto
Futuro do pretérito	
veria	teria visto
verias	terias visto
veria	teria visto
veríamos	teríamos visto
veríeis	teríeis visto
veriam	teriam visto

MODO IMPERATIVO

Afirmativo	Negativo
vê	não **vejas**
veja	não **veja**
vejamos	não **vejamos**
vede	não **vejais**
vejam	não **vejam**

MODO CONJUNTIVO

Tempos simples	Tempos compostos
Presente	
veja	
vejas	
veja	
vejamos	
vejais	
vejam	
Pretérito imperfeito	
visse	
visses	
visse	
víssemos	
vísseis	
vissem	
Pretérito perfeito	
	tenha visto
	tenhas visto
	tenha visto
	tenhamos visto
	tenhais visto
	tenham visto
Pretérito mais-que-perfeito	
	tivesse visto
	tivesses visto
	tivesse visto
	tivéssemos visto
	tivésseis visto
	tivessem visto
Futuro	
vir	tiver visto
vires	tiveres visto
vir	tiver visto
virmos	tivermos visto
virdes	tiverdes visto
virem	tiverem visto

FORMAS NOMINAIS

Infinitivo impessoal	
ver	ter visto
Infinitivo pessoal	
ver	ter visto
veres	teres visto
ver	ter visto
vermos	termos visto
verdes	terdes visto
verem	terem visto
Gerúndio	
vendo	tendo visto
Particípio	
visto	

Obs. — 1. Como este verbo se conjugam **antever**, **entrever**, **prever** e **rever**. 2. O verbo **prover** conjuga-se como **ver**, excepto no **pretérito perfeito do indicativo**, em que é regular: **provi**, **proveste**, **proveu**, etc. O **particípio** é, também, regular: **provido**. Como **prover** se conjuga o seu derivado **desprover**.

Modelo: IR (irregular)

MODO INDICATIVO

Tempos simples	Tempos compostos
Presente	
vou	
vais	
vai	
vamos	
ides	
vão	
Pretérito imperfeito	
ia	
ias	
ia	
íamos	
íeis	
iam	
Pretérito perfeito	
fui	tenho ido
foste	tens ido
foi	tem ido
fomos	temos ido
fostes	tendes ido
foram	têm ido
Pretérito mais-que-perfeito	
fora	tinha ido
foras	tinhas ido
fora	tinha ido
fôramos	tínhamos ido
fôreis	tínheis ido
foram	tinham ido
Futuro do presente	
irei	terei ido
irás	terás ido
irá	terá ido
iremos	teremos ido
ireis	tereis ido
irão	terão ido
Futuro do pretérito	
iria	teria ido
irias	terias ido
iria	teria ido
iríamos	teríamos ido
iríeis	teríeis ido
iriam	teriam ido

MODO IMPERATIVO

Afirmativo	Negativo
vai	não **vás**
vá	não **vá**
vamos	não **vamos**
ide	não **vades**
vão	não **vão**

MODO CONJUNTIVO

Tempos simples	Tempos compostos
Presente	
vá	
vás	
vá	
vamos	
vades	
vão	
Pretérito imperfeito	
fosse	
fosses	
fosse	
fôssemos	
fôsseis	
fossem	
Pretérito perfeito	
	tenha ido
	tenhas ido
	tenha ido
	tenhamos ido
	tenhais ido
	tenham ido
Pretérito mais-que-perfeito	
	tivesse ido
	tivesses ido
	tivesse ido
	tivéssemos ido
	tivésseis ido
	tivessem ido
Futuro	
for	tiver ido
fores	tiveres ido
for	tiver ido
formos	tivermos ido
fordes	tiverdes ido
forem	tiverem ido

FORMAS NOMINAIS

Infinitivo impessoal	
ir	ter ido
Infinitivo pessoal	
ir	ter ido
ires	teres ido
ir	ter ido
irmos	termos ido
irdes	terdes ido
irem	terem ido
Gerúndio	
indo	tendo ido
Particípio	
	ido

Obs. — As formas do pretérito perfeito do indicativo e dos tempos dele derivados são as mesmas das correspondentes do verbo **ser**: fui, fora, fosse, for.

Modelo: OUVIR (irregular)

MODO INDICATIVO

Tempos simples	Tempos compostos
Presente	
ouço	
ouves	
ouve	
ouvimos	
ouvis	
ouvem	
Pretérito imperfeito	
ouvia	
ouvias	
ouvia	
ouvíamos	
ouvíeis	
ouviam	
Pretérito perfeito	
ouvi	tenho ouvido
ouviste	tens ouvido
ouviu	tem ouvido
ouvimos	temos ouvido
ouvistes	tendes ouvido
ouviram	têm ouvido
Pretérito mais-que-perfeito	
ouvira	tinha ouvido
ouviras	tinhas ouvido
ouvira	tinha ouvido
ouvíramos	tínhamos ouvido
ouvíreis	tínheis ouvido
ouviram	tinham ouvido
Futuro do presente	
ouvirei	terei ouvido
ouvirás	terás ouvido
ouvirá	terá ouvido
ouviremos	teremos ouvido
ouvireis	tereis ouvido
ouvirão	terão ouvido
Futuro do pretérito	
ouviria	teria ouvido
ouvirias	terias ouvido
ouviria	teria ouvido
ouviríamos	teríamos ouvido
ouviríeis	teríeis ouvido
ouviriam	teriam ouvido

MODO IMPERATIVO

Afirmativo	Negativo
ouve	não **ouças**
ouça	não **ouça**
ouçamos	não **ouçamos**
ouvi	não **ouçais**
ouçam	não **ouçam**

MODO CONJUNTIVO

Tempos simples	Tempos compostos
Presente	
ouça	
ouças	
ouça	
ouçamos	
ouçais	
ouçam	
Pretérito imperfeito	
ouvisse	
ouvisses	
ouvisse	
ouvíssemos	
ouvísseis	
ouvissem	
Pretérito perfeito	
	tenha ouvido
	tenhas ouvido
	tenha ouvido
	tenhamos ouvido
	tenhais ouvido
	tenham ouvido
Pretérito mais-que-perfeito	
	tivesse ouvido
	tivesses ouvido
	tivesse ouvido
	tivéssemos ouvido
	tivésseis ouvido
	tivessem ouvido
Futuro	
ouvir	tiver ouvido
ouvires	tiveres ouvido
ouvir	tiver ouvido
ouvirmos	tivermos ouvido
ouvirdes	tiverdes ouvido
ouvirem	tiverem ouvido

FORMAS NOMINAIS

Infinitivo impessoal	
ouvir	ter ouvido
Infinitivo pessoal	
ouvir	ter ouvido
ouvires	teres ouvido
ouvir	ter ouvido
ouvirmos	termos ouvido
ouvirdes	terdes ouvido
ouvirem	terem ouvido
Gerúndio	
ouvindo	tendo ouvido
Particípio	
ouvido	

Obs. — 1. A irregularidade manifesta-se na 1.ª pessoa do singular do **presente do indicativo** e, consequentemente, no **presente do conjuntivo** e nas pessoas do **imperativo** dele derivadas: o radical **ouv-** muda-se em **ouç-**. 2. Em vez de **ouço** também se usa a forma **oiço**, na 1.ª pessoa do singular do **presente do indicativo**. Do mesmo modo, também no **presente do conjuntivo** se pode dizer **oiça, oiças, oiça**, etc., e nas pessoas do **imperativo** dele derivadas.

Modelo: PEDIR (irregular)

MODO INDICATIVO		MODO CONJUNTIVO	
Tempos simples	**Tempos compostos**	**Tempos simples**	**Tempos compostos**
Presente		**Presente**	
peço		**peça**	
pedes		**peças**	
pede		**peça**	
pedimos		**peçamos**	
pedis		**peçais**	
pedem		**peçam**	
Pretérito imperfeito		**Pretérito imperfeito**	
pedia		pedisse	
pedias		pedisses	
pedia		pedisse	
pedíamos		pedíssemos	
pedíeis		pedísseis	
pediam		pedissem	
Pretérito perfeito		**Pretérito perfeito**	
pedi	tenho pedido		tenha pedido
pediste	tens pedido		tenhas pedido
pediu	tem pedido		tenha pedido
pedimos	temos pedido		tenhamos pedido
pedistes	tendes pedido		tenhais pedido
pediram	têm pedido		tenham pedido
Pretérito mais-que-perfeito		**Pretérito mais-que-perfeito**	
pedira	tinha pedido		tivesse pedido
pediras	tinhas pedido		tivesses pedido
pedira	tinha pedido		tivesse pedido
pedíramos	tínhamos pedido		tivéssemos pedido
pedíreis	tínheis pedido		tivésseis pedido
pediram	tinham pedido		tivessem pedido
Futuro do presente		**Futuro**	
pedirei	terei pedido	pedir	tiver pedido
pedirás	terás pedido	pedires	tiveres pedido
pedirá	terá pedido	pedir	tiver pedido
pediremos	teremos pedido	pedirmos	tivermos pedido
pedireis	tereis pedido	pedirdes	tiverdes pedido
pedirão	terão pedido	pedirem	tiverem pedido
Futuro do pretérito		**FORMAS NOMINAIS**	
pediria	teria pedido	**Infinitivo impessoal**	
pedirias	terias pedido	pedir	ter pedido
pediria	teria pedido	**Infinitivo pessoal**	
pediríamos	teríamos pedido	pedir	ter pedido
pediríeis	teríeis pedido	pedires	teres pedido
pediriam	teriam pedido	pedir	ter pedido
MODO IMPERATIVO		pedirmos	termos pedido
		pedirdes	terdes pedido
Afirmativo	**Negativo**	pedirem	terem pedido
pede	não **peças**	**Gerúndio**	
peça	não **peça**	pedindo	tendo pedido
peçamos	não **peçamos**	**Particípio**	
pedi	não **peçais**	pedido	
peçam	não **peçam**		

Obs. — A irregularidade manifesta-se na 1.ª pessoa do singular do **presente do indicativo** e, consequentemente, no **presente do conjuntivo** e nas formas do **imperativo** dele derivadas: o radical **ped-** muda-se em **peç-**.

Modelo: RIR (irregular)

MODO INDICATIVO

Tempos simples	Tempos compostos
Presente	
rio	
ris	
ri	
rimos	
rides	
riem	
Pretérito imperfeito	
ria	
rias	
ria	
ríamos	
ríeis	
riam	
Pretérito perfeito	
ri	tenho rido
riste	tens rido
riu	tem rido
rimos	temos rido
ristes	tendes rido
riram	têm rido
Pretérito mais-que-perfeito	
rira	tinha rido
riras	tinhas rido
rira	tinha rido
ríramos	tínhamos rido
ríreis	tínheis rido
riram	tinham rido
Futuro do presente	
rirei	terei rido
rirás	terás rido
rirá	terá rido
riremos	teremos rido
rireis	tereis rido
rirão	terão rido
Futuro do pretérito	
riria	teria rido
ririas	terias rido
riria	teria rido
riríamos	teríamos rido
riríeis	teríeis rido
ririam	teriam rido

MODO IMPERATIVO

Afirmativo	Negativo
ri	não rias
ria	não ria
riamos	não riamos
ride	não riais
riam	não riam

MODO CONJUNTIVO

Tempos simples	Tempos compostos
Presente	
ria	
rias	
ria	
riamos	
riais	
riam	
Pretérito imperfeito	
risse	
risses	
risse	
ríssemos	
rísseis	
rissem	
Pretérito perfeito	
	tenha rido
	tenhas rido
	tenha rido
	tenhamos rido
	tenhais rido
	tenham rido
Pretérito mais-que-perfeito	
	tivesse rido
	tivesses rido
	tivesse rido
	tivéssemos rido
	tivésseis rido
	tivessem rido
Futuro	
rir	tiver rido
rires	tiveres rido
rir	tiver rido
rirmos	tivermos rido
rirdes	tiverdes rido
rirem	tiverem rido

FORMAS NOMINAIS

Infinitivo impessoal	
rir	ter rido
Infinitivo pessoal	
rir	ter rido
rires	teres rido
rir	ter rido
rirmos	termos rido
rirdes	terdes rido
rirem	terem rido
Gerúndio	
rindo	tendo rido
Particípio	
rido	

Obs. — É irregular apenas no **presente do indicativo** e do **conjuntivo** e no **imperativo**. Nestas formas, mantém-se o **i** do radical.

Modelo: SAIR (irregular) *, LEAVE GO OUT EXIT*

MODO INDICATIVO		MODO CONJUNTIVO	
Tempos simples	**Tempos compostos**	**Tempos simples**	**Tempos compostos**
Presente		**Presente**	
saio		saia	
sais		saias	
sai		saia	
saímos		saiamos	
saís		saiais	
saem		saiam	
Pretérito imperfeito		**Pretérito imperfeito**	
saía		saísse	
saías		saísses	
saía		saísse	
saíamos		saíssemos	
saíeis		saísseis	
saíam		saíssem	
Pretérito perfeito		**Pretérito perfeito**	
saí	tenho saído		tenha saído
saíste	tens saído		tenhas saído
saiu	tem saído		tenha saído
saímos	temos saído		tenhamos saído
saístes	tendes saído		tenhais saído
saíram	têm saído		tenham saído
Pretérito mais-que-perfeito		**Pretérito mais-que-perfeito**	
saíra	tinha saído		tivesse saído
saíras	tinhas saído		tivesses saído
saíra	tinha saído		tivesse saído
saíramos	tínhamos saído		tivéssemos saído
saíreis	tínheis saído		tivésseis saído
saíram	tinham saído		tivessem saído
Futuro do presente		**Futuro**	
sairei	terei saído	sair	tiver saído
sairás	terás saído	saíres	tiveres saído
sairá	terá saído	sair	tiver saído
sairemos	teremos saído	sairmos	tivermos saído
saireis	tereis saído	sairdes	tiverdes saído
sairão	terão saído	saírem	tiverem saído
Futuro do pretérito		**FORMAS NOMINAIS**	
sairia	teria saído	**Infinitivo impessoal**	
sairias	terias saído	sair	ter saído
sairia	teria saído	**Infinitivo pessoal**	
sairíamos	teríamos saído	sair	ter saído
sairíeis	teríeis saído	saíres	teres saído
sairiam	teriam saído	sair	ter saído
MODO IMPERATIVO		sairmos	termos saído
		sairdes	terdes saído
		saírem	terem saído
Afirmativo	**Negativo**	**Gerúndio**	
sai	não saias	saindo	tendo saído
saia	não saia	**Particípio**	
saiamos	não saiamos	saído	
saí	não saiais		
saiam	não saiam		

Obs. — 1. Os verbos terminados em -air mantêm o i em toda a conjugação, excepto na 3.ª pessoa do plural do **presente do indicativo** (**saem**). 2. O i do tema é acentuado graficamente, sempre que constitui, só por si, sílaba tónica: cf. *sai* e saí; *sair* e saíres.

93

Modelo: SEDUZIR (verbos terminados em -uzir)

MODO INDICATIVO		MODO CONJUNTIVO	
Tempos simples	Tempos compostos	Tempos simples	Tempos compostos
Presente		**Presente**	
seduzo		seduza	
seduzes		seduzas	
sedu**z**		seduza	
seduzimos		seduzamos	
seduzis		seduzais	
seduzem		seduzam	
Pretérito imperfeito		**Pretérito imperfeito**	
seduzia		seduzisse	
seduzias		seduzisses	
seduzia		seduzisse	
seduzíamos		seduzíssemos	
seduzíeis		seduzísseis	
seduziam		seduzissem	
Pretérito perfeito		**Pretérito perfeito**	
seduzi	tenho seduzido		tenha seduzido
seduziste	tens seduzido		tenhas seduzido
seduziu	tem seduzido		tenha seduzido
seduzimos	temos seduzido		tenhamos seduzido
seduzistes	tendes seduzido		tenhais seduzido
seduziram	têm seduzido		tenham seduzido
Pretérito mais-que-perfeito		**Pretérito mais-que-perfeito**	
seduzira	tinha seduzido		tivesse seduzido
seduziras	tinhas seduzido		tivesses seduzido
seduzira	tinha seduzido		tivesse seduzido
seduzíramos	tínhamos seduzido		tivéssemos seduzido
seduzíreis	tínheis seduzido		tivésseis seduzido
seduziram	tinham seduzido		tivessem seduzido
Futuro do presente		**Futuro**	
seduzirei	terei seduzido	seduzir	tiver seduzido
seduzirás	terás seduzido	seduzires	tiveres seduzido
seduzirá	terá seduzido	seduzir	tiver seduzido
seduziremos	teremos seduzido	seduzirmos	tivermos seduzido
seduzireis	tereis seduzido	seduzirdes	tiverdes seduzido
seduzirão	terão seduzido	seduzirem	tiverem seduzido
Futuro do pretérito		**FORMAS NOMINAIS**	
seduziria	teria seduzido	**Infinitivo impessoal**	
seduzirias	terias seduzido	seduzir	ter seduzido
seduziria	teria seduzido	**Infinitivo pessoal**	
seduziríamos	teríamos seduzido	seduzir	ter seduzido
seduziríeis	teríeis seduzido	seduzires	teres seduzido
seduziriam	teriam seduzido	seduzir	ter seduzido
MODO IMPERATIVO		seduzirmos	termos seduzido
		seduzirdes	terdes seduzido
Afirmativo	Negativo	seduzirem	terem seduzido
sedu**z**	não seduzas	**Gerúndio**	
seduza	não seduza	seduzindo	tendo seduzido
seduzamos	não seduzamos	**Particípio**	
seduzi	não seduzais	seduzido	
seduzam	não seduzam		

Obs. — Os verbos terminados em -uzir são **regulares**. Apenas a 3.ª pessoa do singular do **presente do indicativo** e a 2.ª pessoa do singular do **imperativo afirmativo** apresentam a irregularidade de terminarem em **z** (tal como acontece com os verbos terminados em - **zer**: dizer - **diz**, fazer - **faz**, jazer - **jaz**).

Modelo: VIR (irregular)

MODO INDICATIVO		MODO CONJUNTIVO	
Tempos simples	Tempos compostos	Tempos simples	Tempos compostos
Presente		**Presente**	
venho		**venha**	
vens		**venhas**	
vem		**venha**	
vimos		**venhamos**	
vindes		**venhais**	
vêm		**venham**	
Pretérito imperfeito		**Pretérito imperfeito**	
vinha		**viesse**	
vinhas		**viesses**	
vinha		**viesse**	
vínhamos		**viéssemos**	
vínheis		**viésseis**	
vinham		**viessem**	
Pretérito perfeito		**Pretérito perfeito**	
vim	tenho vindo		tenha vindo
vieste	tens vindo		tenhas vindo
veio	tem vindo		tenha vindo
viemos	temos vindo		tenhamos vindo
viestes	tendes vindo		tenhais vindo
vieram	têm vindo		tenham vindo
Pretérito mais-que-perfeito		**Pretérito mais-que-perfeito**	
viera	tinha vindo		tivesse vindo
vieras	tinhas vindo		tivesses vindo
viera	tinha vindo		tivesse vindo
viéramos	tínhamos vindo		tivéssemos vindo
viéreis	tínheis vindo		tivésseis vindo
vieram	tinham vindo		tivessem vindo
Futuro do presente		**Futuro**	
virei	terei vindo	**vier**	tiver vindo
virás	terás vindo	**vieres**	tiveres vindo
virá	terá vindo	**vier**	tiver vindo
viremos	teremos vindo	**viermos**	tivermos vindo
vireis	tereis vindo	**vierdes**	tiverdes vindo
virão	terão vindo	**vierem**	tiverem vindo
Futuro do pretérito		**FORMAS NOMINAIS**	
viria	teria vindo	**Infinitivo impessoal**	
virias	terias vindo	vir	ter vindo
viria	teria vindo	**Infinitivo pessoal**	
viríamos	teríamos vindo	vir	ter vindo
viríeis	teríeis vindo	vires	teres vindo
viriam	teriam vindo	vir	ter vindo
MODO IMPERATIVO		virmos	termos vindo
		virdes	terdes vindo
Afirmativo	Negativo	virem	terem vindo
vem	não **venhas**	**Gerúndio**	
venha	não **venha**	vindo	tendo vindo
venhamos	não **venhamos**	**Particípio**	
vinde	não **venhais**	**vindo**	
venham	não **venham**		

Obs. — 1. O **particípio** é irregular. 2. O **gerúndio** e o particípio têm a mesma forma.

VERBOS DE PARTICÍPIO IRREGULAR

Alguns verbos de 2.ª e 3.ª conjugações têm apenas um particípio irregular:

Infinitivo	Particípio	Infinitivo	Particípio
dizer	dito	pôr	posto
escrever	escrito	abrir	aberto
fazer	feito	cobrir	coberto
ver	visto	vir	vindo

Observações:

1. Igualmente irregular é o particípio dos derivados dos verbos acima registados:

Infinitivo	Particípio	Infinitivo	Particípio
desdizer	desdito	rever	revisto
descrever	descrito	depor	deposto
inscrever	inscrito	impor	imposto
prescrever	prescrito	repor	reposto
reescrever	reescrito	propor	proposto
contrafazer	contrafeito	descobrir	descoberto
desfazer	desfeito	entreabrir	entreaberto
refazer	refeito	advir	advindo
satisfazer	satisfeito	convir	convindo
prever	previsto		

2. Exclui-se deste conjunto o verbo **prover**, cujo particípio é **provido**.

3. **Desabrido** não é particípio regular de **desabrir**, mas, provavelmente, forma reduzida de **dessaborido**, talvez de origem espanhola. Usa-se apenas como **adjectivo**, significando "rude", "violento", "descontrolado".

4. Dos verbos **ganhar**, **gastar** e **pagar** apenas se empregam os **particípios irregulares**: **ganho**, **gasto** e **pago**. As formas regulares caíram em desuso.

VERBOS COM PARTICÍPIOS DUPLOS

Alguns verbos portugueses têm dois **particípios**, um regular, terminado em **-ado** ou **-ido** e outro irregular, que provém, regra geral, do latim (forma erudita) e apresenta uma forma reduzida.

Primeira conjugação

Infinitivo	Particípio regular	Particípio irregular
aceitar	aceitado	aceito ou aceite
afeiçoar	afeiçoado	afecto
cativar	cativado	cativo
cegar	cegado	cego
completar	completado	completo
cultivar	cultivado	culto
descalçar	descalçado	descalço
entregar	entregado	entregue
enxugar	enxugado	enxuto
expressar	expressado	expresso
expulsar	expulsado	expulso
fartar	fartado	farto
findar	findado	findo
infectar	infectado	infecto
inquietar	inquietado	inquieto
isentar	isentado	isento
juntar	juntado	junto
libertar	libertado	liberto
limpar	limpado	limpo
manifestar	manifestado	manifesto
matar	matado	morto
murchar	murchado	murcho
ocultar	ocultado	oculto
salvar	salvado	salvo
secar	secado	seco
segurar	segurado	seguro

soltar	soltado	solto
sujeitar	sujeitado	sujeito
suspeitar	suspeitado	suspeito
vagar	vagado	vago

Segunda conjugação

Infinitivo	Particípio regular	Particípio irregular
absorver	absorvido	absorto
acender	acendido	aceso
agradecer	agradecido	grato
atender	atendido	atento
benzer	benzido	bento
convencer	convencido	convicto
corromper	corrompido	corrupto
defender	defendido	defeso
dissolver	dissolvido	dissoluto
eleger	elegido	eleito
envolver	envolvido	envolto
incorrer	incorrido	incurso
morrer	morrido	morto
nascer	nascido	nado
perverter	pervertido	perverso
prender	prendido	preso
pretender	pretendido	pretenso
revolver	revolvido	revolto
romper	rompido	roto
submeter	submetido	submisso
suspender	suspendido	suspenso
tender	tendido	tenso

Terceira conjugação

Infinitivo	Particípio regular	Particípio irregular
afligir	afligido	aflito
concluir	concluído	concluso
corrigir	corrigido	correcto
dirigir	dirigido	directo
distinguir	distinguido	distinto
emergir	emergido	emerso
erigir	erigido	erecto
exprimir	exprimido	expresso
extinguir	extinguido	extinto

frigir	frigido	frito
imergir	imergido	imerso
imprimir	imprimido	impresso
incluir	incluído	incluso
inserir	inserido	inserto
omitir	omitido	omisso
oprimir	oprimido	opresso
repelir	repelido	repulso
submergir	submergido	submerso
tingir	tingido	tinto

Observações:

1. A forma regular é, regra geral, a que se utiliza nos tempos compostos da **voz activa** (com os auxiliares **ter** ou **haver**): Nós **temos expulsado** os intrusos.

A forma irregular utiliza-se, sobretudo, na formação dos tempos da voz passiva (com o auxiliar ser): Nós **fomos expulsos** pelo guarda.

2. Apenas as formas irregulares se usam como **adjectivos** e são as que se empregam com os verbos **andar, estar, ficar, ir e vir**: **Andamos mortos** de cansaço. **Estou liberto** do trabalho. **Fiquei preso** ao arame. **Vou directo** ao supermercado. **Venho aflita** com as horas.

3. O particípio **rompido** também se emprega nos tempos da **voz passiva**: O lençol **foi rompido** pelo cão. A forma **roto** é utilizada, em regra, como **adjectivo**.

4. Sob a influência do particípio **entregue** formou-se **empregue** (empregar): O dinheiro **foi** bem **empregue**.

5. **Morto** é particípio de **morrer** e, por extensão, passou a sê-lo, também, de **matar**.

6. **Impresso** é utilizado, apenas, na acepção de "gravado", "estampado".

Se **imprimir** significa "produzir movimento", então o particípio usado é **imprimido**: Esta revista é **impressa** em Barcelona. **Foi imprimido** novo alento ao teatro.

7. A forma **aceite** é mais usada do que **aceito**.

VERBOS DEFECTIVOS

Regra geral, dividem-se os verbos defectivos por três grupos:

Impessoais — são os verbos que, não tendo sujeito, apenas admitem a 3.ª pessoa do singular. São:

1. os verbos que exprimem **fenómenos** da natureza:

alvorecer	estiar	saraivar
amanhecer	gear	trovejar
anoitecer	nevar	ventar
chover	orvalhar	
chuviscar	relampejar	

2. certos verbos que indicam **necessidade**, **conveniência**, ou **sensações** (seguidos ou não de preposição):

bastar: **Basta de** teimosia!
chegar: **Chega de** estudo, por hoje.
doer: **Dói**-me aqui.
parecer: **Parece-me** que hoje vai nevar.
prazer: **Praza a** Deus que não chova!

3. o verbo **haver**, quando significa «**existir**» ou indica «**decurso do tempo**»:

Há muitas flores nesta casa.
Há muitos dias que o vejo passar.

4. o verbo **fazer**, quando indica **decurso do tempo**:

Já **fez** dois anos que partiu para África.

Unipessoais — são os verbos que se conjugam apenas na 3.ª pessoa do singular e do plural. São:

1. os verbos que exprimem **vozes**, **acções** ou **estados** característicos de animais:

cacarejar	rosnar	cavalgar	galopar
ladrar	zumbir	esvoaçar	trotar

2. os verbos **acontecer**, **concernir**, **grassar**, **constar** (significando ser constituído), **assentar** (referido a vestuário): **Acontece** sempre o que temo. **Aconteceram** muitas coisas, hoje. Aceito as críticas que **concernem** à apresentação do trabalho. Agora, **grassam** as viroses. Os textos **constam** de três partes. O casaco **assenta-te** bem.

Observação: Quer os verbos que traduzem as vozes dos animais, quer os que indicam fenómenos da natureza podem ser usados em todas as pessoas, quando têm um valor metafórico: É bom que **rosnes** menos, Pedro. Fala! **Choviam** impropérios de todo o lado.

Pessoais (**defectivos**, no sentido propriamente dito) — são os verbos que não são usados em algumas pessoas, ou tempos — por razões eufónicas, de desuso ou, ainda, outras mal definidas. A maior parte destes são da 3.ª conjugação.

1. Destes, há os que só se usam nas formas em que conservam o **i** do tema:

Colorir: ind. pres. — **colorimos**, **coloris**
pret. imperf. — **coloria**, **colorias**, **coloria**, etc.
pret. perf. — **colori**, **coloriste**, **colori**, etc.
pret. mais-que-perf. — **colorira**, **coloriras**, **colorira**, etc.
fut. pres. — **colorirei**, **colorirás**, **colorirá**, etc.
fut. pret. — **coloriria**, **coloririas**, **coloriria**, etc.
conj. pres. ————
pret. imperf. — **colorisse**, **colorisses**, **colorisse**, etc.
fut. — **colorir**, **colorires**, **colorir**, etc.
imperat. — **colori**

Como **colorir**, conjugam-se, entre outros, os seguintes verbos da 3.ª conjugação:

abolir	comedir-se	escapulir	polir
adir	delinquir	extorquir	remir
banir	demolir	falir	renhir
carpir	descomedir-se	florir	retorquir
combalir	empedernir	munir	sortir

2. Outros verbos, como **aturdir**, só se conjugam nas formas em que persiste o **i** do tema ou este é substituído por **e**.

aturdir: ind. pres. **aturdes**, **aturde**, **aturdimos**, **aturdis**, **aturdem**
pret. imperf. — **aturdia**, **aturdias**, **aturdia**, etc.
pret. perf. — **aturdi**, **aturdiste**, **aturdiu**, etc.

pret. mais-que-perf. — **aturdira, aturdiras, aturdira**, etc.

fut. pres. — **aturdirei, aturdirás, aturdirá**, etc.

fut. pret. — **aturdiria, aturdirias, aturdiria**, etc.

conj. pres. ─────

pret. imperf. — **aturdisse, aturdisses, aturdisse**, etc.

fut. — **aturdir, aturdires, aturdir**, etc.

imperat. — **aturde, aturdi**

Como **aturdir**, conjugam-se ainda outros verbos:

brandir	exaurir	haurir	submergir
brunir	fremir	imergir	ungir
emergir	fulgir	jungir	

3. O verbo **precaver-se** (é raro o emprego da forma não reflexiva) só se usa nas formas em que o acento tónico não recaia sobre o radical:

ind. pres. — **precavemo-nos, precaveis-vos**

conj. pres. ─────

imperat. — **precavei-vos**

É de conjugação regular, pois não deriva nem de **ver**, nem de **vir**. Segue o modelo da 2.ª conjugação:

ind. pret. perf. — **precavi-me, precaveste-te, precaveu-se**, etc.

conj. pret. imperf. — **precavesse-me, precavesses-te, precavesse-se**, etc.

4. Ainda o verbo **adequar**, da 1.ª conjugação:

adequar: ind. pres. — **adequamos, adequais**

conj. pres. — **adequemos, adequeis**

imperat. — **adequai**

Obs. — Nos outros tempos usa-se em todas as pessoas.

5. O verbo **reaver** usa-se nas formas em que se mantém o **v**: **reavemos, reaveis, reavia**, etc.

Observações: Alguns dos verbos defectivos são substituídos por sinónimos nas pessoas ou tempos que não possuem. Assim: **anular** (por **abolir**), **acrescentar** (por **adir**), **ralhar** (por **renhir**), **recuperar** (por **reaver**), **redimir** (por **remir**), **abrir falência** (por **falir**), **acautelar-se** (por **precaver-se**), etc.

LISTA GERAL
DOS VERBOS

A

152

VERBOS
COM PREPOSIÇÕES

A

abalançar-se a
arriscar-se, atirar-se:
Abalancei-me à experiência,
sem receio.

abastecer-se de
prover-se do necessário:
Hoje, podemos **abastecer-nos
de** fruta.

abdicar de
renunciar*, resignar**:
* O aluno **abdicou do** seu es-
tatuto.
** O rei **abdicou do** trono em
favor do filho.

aborrecer-se com
entristecer-se, incomodar-se:
Aborreceste-te com a tua
irmã?

aborrecer-se de
enfastiar-se, cansar-se:
O João **aborreceu-se dos** amigos e prefere agora ficar só.

abrir-se com
desvendar-se, abrir os seus sentimentos, as suas dúvidas:
Decidi **abrir-me com** os meus
pais.

abster-se de
privar-se, coibir-se:
Absteve-se de se pronunciar
sobre o caso.

abstrair de
separar, omitir:
Abstrai da dificuldade e encara
o interesse deste trabalho.

abstrair-se de
alhear-se, afastar-se:
Abstraio-me facilmente **do** que
me rodeia.

acautelar-se com
tomar precauções, precaver-se:
Não **me acautelei com** as horas e cheguei atrasado!

aceder a
anuir*, alcançar**:
* **Acedeu ao** meu desejo.
** **Acedeu à** categoria de director.

acomodar-se a
adaptar-se, conformar-se:
Acomodo-me facilmente **às** situações.

acompanhar com
andar com, conviver:
O João **acompanha com** colegas interessantes.

aconselhar-se com
pedir conselho:
Aconselha-te com a Teresa,
que sabe do assunto.

aconselhar a
dar conselho:
Aconselhei-o a mudar de assunto.

acorrer a
ajudar, correr em socorro:
Acorre ao João que está aflito.

acorrer-se de
socorrer-se, procurar ajuda:
Acorri-me da cábula, porque não me lembrava da fórmula.

acudir a
ir em auxílio:
O polícia **acudiu ao** apelo da criança.

acudir por
defender:
Devemos **acudir pelos** mais fracos.

adequar-se a
amoldar-se, adaptar-se:
Este trabalho **adequava-se ao** seu temperamento.

aderir a
ligar-se, abraçar partido, seita ou opinião:
Aderimos à tua causa, por ser justa.

advir de
provir, resultar:
As tuas dúvidas **advêm do** teu pessimismo.

aferir por
avaliar, julgar:
Afere-se pela tua atitude que estás interessada.

aflorar a
emergir, surgir:
Aflora ao meu pensamento a ideia da fuga.

agir contra
actuar contra, proceder contra:
Agiste contra a indisciplina?

agir por
proceder, comportar-se:
Não **agiste por** mal, eu sei!

ajustar a
conformar, encaixar:
Ajustemos o molde **ao** corpo.

ajustar-se a
acomodar-se, adaptar-se:
Este texto **ajusta-se ao** tema em questão.

ajustar com
estabelecer condições, combinar *, conciliar **:
* **Ajustaste** o preço **com** o vendedor?
** Já **ajustámos** as contas, finalmente, um **com** o outro.

alargar-se a
abranger, envolver:
Estas medidas **alargam-se a** todos os graus de ensino.

alargar-se em
ampliar:
Alarguei-me em considerações desnecessárias.

alegrar-se com
sentir grande contentamento:
Alegremo-nos com estas novidades!

alegrar-se de/por
sentir grande contentamento:
Alegrou-se de (**por**) o ver são e salvo.

alhear-se de
esquecer*, distrair-se**:
* **Alheio-me do** que me perturba.
** Nas aulas, **alheio-me** facilmente **do** trabalho.

alicerçar-se em
   apoiar-se, basear-se:
   Há ideias que **se alicerçam em** reflexões ligeiras.

alimentar-se a/com/de
   sustentar-se, nutrir-se:
   Os gatos tanto **se alimentam a** (**com**, **de**) peixe como **a** (**com**, **de**) carne.

aliviar de
   melhorar, abrandar:
   A tua recuperação **aliviou-me da** tensão em que vivi estes dias.

alternar com
   revezar:
   A Teresa **alternava com** o irmão na virgília daquela noite.

aludir a
   fazer alusão, referir:
   O orador **aludiu**, depois, **à** tímida evolução do sucesso escolar.

ambientar-se a
   criar ambiente para si, acomodar-se:
   Ambientei-me com dificuldade **à** vida na cidade.

amotinar-se contra
   revoltar-se:
   Os soldados **amotinaram-se contra** o rigor de tais exercícios.

amparar-se a/em
   apoiar-se, firmar-se:
   A velhinha **amparava-se** ternamente **ao** (**no**) neto.

amuar com
   enfadar-se, pôr-se de mau humor:
   Por pouco **amuas com** os teus amigos!

andar em
   frequentar:
   Ando no 3.º ano de Gestão de Empresas.

andar para
   ter a intenção:
   Andámos para te visitar, mas não calhou.

andar por
   aproximar-se:
   O meu avô já **anda pelos** oitenta anos.

ansiar por
   desejar muito:
   Os alunos **anseiam por** que cheguem as férias.

antagonizar-se com
   criar conflito:
   Quando não há compreensão, os filhos **antagonizam-se com** os pais.

antecipar-se a
   adiantar-se, aparecer mais cedo:
   Antecipaste-te aos colegas com receio de outros serem mais prontos na resposta!
   Os acontecimentos **anteciparam-se às** previsões.

antepor(-se) a
   pôr-se antes *, preferir **:
   * No texto poético, nem sempre o nome **se antepõe ao** pronome. É uma questão de ênfase.
   ** **Antepõe** os teus princípios **às** tuas ambições.

anuir a/em
   concordar, condescender:
   O governo **anuiu às** reivindicações e **em** fazer sair rapidamente a legislação necessária.

apanhar com
ser atingido:
O professor **apanhou com** todos os protestos dos alunos.

apegar-se a
afeiçoar-se *, aproveitar-se **:
* Os avós **apegam-se aos** netos de forma muito intensa.
** **Apegou-se à** promessa da cunha de tal modo que não procurou outra solução.

apelar a/para
pedir, socorrer-se:
O réu **apelou ao** ao testemunho dos amigos e **para** a lei que o protege de arbitrariedades.

apelidar de
chamar, intitular:
A História **apelidou** Afonso Henriques **de** Conquistador pela acção da reconquista que desenvolveu.

aperceber-se de
compreender, dar-se conta:
Não **me apercebi** logo **do** erro que estava a cometer.

apertar com
fazer pressão, averiguar:
O polícia **apertou com** o detido para obter mais informações.

aplicar-se a
concentrar-se, empenhar-se:
Aplica-te ao estudo.

apoderar-se de
tomar em posse, apossar-se:
O ladrão **apoderou-se da** arma e assim resistiu.

apoiar-se em
basear-se *, encostar-se, tomar como apoio **:
* **Apoiei-me numa** vasta bibliografia para fazer o trabalho.
** **Apoiou-se no** banco e na mesa, para subir.
Apoiem-se no vosso professor para redigir a exposição ao Conselho Directivo.

apontar para
indicar, sugerir:
As estatísticas **apontavam para** estes resultados.

apossar-se de
o m. q. apoderar-se.

apostar em
sustentar, fazer voto de confiança:
O grupo de trabalho **aposta na** credibilidade dos inquéritos.

aprazer a
agradar:
Apraz ao professor constatar a evolução positiva dos alunos.

apressar-se a
dar-se pressa, despachar-se:
Os governantes **apressaram-se a** debruçar-se sobre as leis laborais.

arcar com
arrostar, assumir:
Os dirigentes **arcam com** as responsabilidades das orientações dadas.

arder de/em
inflamar-se, sentir-se apaixonado:
A minha cabeça **arde da** emoção! **Ardo em** febre.

argumentar com

alegar *, debater **:
* O funcionário **argumentou com** o peso da burocracia a demora da resposta.
** **Argumentavam** acaloradamente um **com** o outro.

arremeter contra

investir com ímpeto, lançar-se contra:
O cão **arremeteu contra** o fugitivo, logo ao primeiro sinal.

arrepiar-se com/de

sentir arrepios:
Arrepiei-me com a emoção e, ao mesmo tempo, **de** espanto.

articular-se com

conjugar-se, ligar-se:
O tom do discurso **articula-se** perfeitamente **com** o ritmo da frase.

ascender a

atingir:
O secretário de estado **ascendeu a** ministro por mérito próprio.

aspirar a

ambicionar, desejar muito:
Todos **aspiramos ao** progresso, ainda que nem todos para ele contribuam.

assemelhar-se a/com

afigurar-se, parecer:
A criança maltratada **assemelha-se a** (**com**) um animal ferido: é imprevisível a sua reacção.

associar-se a

juntar-se com, cooperar, entrar para uma associação ou sociedade:
Associa-te às minorias generosas.

assomar a

aparecer *, aflorar, ocorrer **:
* Mal **assomou à** porta foi alvejado.
** **Assomou-me ao** pensamento a ideia de uma aventura.

atentar contra

cometer atentado, provocar:
Quem **atenta contra** a lei, sujeita-se a consequências desagradáveis.

atentar em

dar conta*, ponderar**:
* De repente **atentei no** que diziam à minha volta.
** **Atenta no** que te dizem, antes de te decidires.

atrever-se a

ousar, tentar:
O aluno que **se atrever a** usar cábula será punido.

auferir de

obter, possuir:
Os empregados daquela fábrica **auferem de** regalias únicas na região.

avisar de

advertir, chamar a atenção:
Não me **avisaram da** alteração do horário.

B

banir de
  afastar, expulsar:
  Os rapazes **baniram do** grupo os que consideravam traidores.

barafustar contra
  protestar:
  Os rapazes **barafustaram contra** a segregação de que se achavam vítimas.

bater-se por
  lutar por:
  Bato-me por esta ideia, porque acredito nela.

beneficiar de
  favorecer, melhorar, usufruir:
  Esta escola **beneficiou de** algumas obras e agora **beneficiamos** nós **de** melhores condições de trabalho.

brigar com
  altercar*, destoar**:
  * Vocês não param de **brigar** um **com** o outro.

  ** Para o meu gosto, o vermelho **briga com** o amarelo.

brindar a
  beber à saúde ou em obséquio de alguém:
  Vamos todos **brindar ao** sucesso deste trabalho!

brindar com
  ofertar:
  O director **brindou** os funcionários **com** uma grande festa.

brotar de
  nascer, sair com ímpeto:
  Na Primavera **brotam do** solo as mais lindas flores silvestres.
  Brotavam-lhe do pensamento imagens poéticas, com que nos deliciava.

bulir com
  causar incómodo, perturbar:
  Aquela agitação **bulia com** a minha ânsia de sossego.

C

calcular em
  avaliar:
  Calcularam em cinco mil as vítimas mortais do terramoto.

canalizar para
  dirigir ou encaminhar:
  Era importante que se **canalizassem** mais verbas **para** o sector do ensino.
  Todos os esforços devem, agora, **ser canalizados para** salvar os náufragos.

candidatar-se a
  propor-se como candidato *, aspirar a **:
  * Já **te candidataste à** vaga?
  ** Bem que **te candidatavas ao** vencimento dos ministros!

capacitar-se de
  convencer-se, persuadir-se:
  Finalmente, o João **capacitou-se de** que podia vencer o obstáculo.

caracterizar-se por
apresentar determinadas características:
O espetáculo **caracterizou-se por** um ritmo vivo.

carecer de
não possuir, estar falho de, precisar:
Careces de razão para te impores.
A tua alimentação **carece de** variedade.

ceder a
não resistir, transigir:
Cedeste às pressões e agora sentes-te mal com a tua consciência.

ceder em
fazer algumas cedências:
Cedi apenas **em** aspectos menos importantes.

celebrizar-se por
notabilizar-se em:
Camilo **celebrizou-se pelas** suas sátiras mordazes.

censurar por
criticar, recriminar:
Meu pai **censura-me pela** minha falta de empenhamento no que faço.

cercar de
envolver, rodear:
Cercaram de polícias todo o bairro.
Minha mãe sempre me **cercou de** ternuras!

certificar-se de
averiguar, verificar:
O jornalista **certifica-se da** veracidade dos acontecimentos antes de fazer a notícia.

cessar de
acabar, deixar de:
Foi tão empolgante o discurso que os aplausos não **cessavam de** soar.
Cessa de te culpabilizares!

colaborar com
trabalhar em comum:
Colabora com os teus colegas.

colaborar em
participar em
Colaboro neste estudo, porque o acho importante.

coligar-se com
aliar-se:
O grupo A **coligou-se com** o B para reforçar a sua capacidade de intervenção.

começar a
principiar:
Começámos a perceber o que se passara.

começar por
iniciar:
Os jovens **começaram por** explicar quais eram as suas intenções.

compadecer-se com
harmonizar-se, coadunar-se:
Não **me compadeço com** a mentira.

compadecer-se de
condoer-se:
Compadeces-te dos desprotegidos mas não ages.

compelir a
forçar, levar a:
A população ameaçadora **compeliu** a polícia **a** prender o suspeito.

compensar de/por
contrabalançar, recompensar:
Não sei se posso **compensar- -te dos (pelos)** sacrifícios que fizeste por mim.

comprometer-se a
responsabilizar-se:
O professor **comprometeu-se a** rever a prova.

concernir a
dizer respeito, referir-se:
Conta comigo no que **concerne a** essa matéria.

conciliar com
harmonizar:
A tua atitude não se **concilia com** as responsabilidades que assumiste.

concordar com
ter a mesma opinião:
Pai e filho dificilmente **concordam** um **com** o outro.

concordar em
assentir, consentir, estar de acordo:
Todos **concordam em** que o maior problema estava resolvido.

condescender em
ceder, transigir:
Condescendi em deixá-lo passar à minha frente.

condicionar a
limitar:
O patrão **condicionou** o feriado **a** uma contrapartida por parte dos trabalhadores.

confinar com
pegar com, ter limites comuns:
Moçambique **confina com** a República da África do Sul, a Rodésia e o Malawi, para além, ainda, de outros países de África.

confinar-se a
limitar-se:
Confinaste-te a confirmar o que já se sabia.

conotar com
aproximar de, identificar:
Conotaram-te com a ideologia de direita.

consentir em
autorizar, tolerar:
Consenti em que me integrassem naquele grupo e **em** participar no inquérito, por vários motivos.

contender com
chocar, brigar:
Os meus interesses **contendem com** os teus, por isso, **contendemos** muitas vezes um **com** o outro.

contrapor a
opor:
O meu irmão **contrapõe,** muitas vezes, **ao** meu sonho a sua experiência.

contrastar com
contender contra, fazer oposição:
A tua frieza **contrasta com** a minha ternura.

convencer a
persuadir, levar alguém a concorrer para:
Convenceram-me a falar.

convencer de
persuadir, fazer acreditar:
O Carlos **convenceu** a irmã **de** que tinham ganho o concurso.

convergir em
tender para o mesmo ponto:
As nossas ideias **convergem no** essencial.

converter-se a
mudar de opinião:
Muitos árabes **converteram-se ao** cristianismo.

converter-se em
transformar-se:
A alegria **converte-se em** choro quando mal nos precatamos.

convocar para
chamar para uma reunião, mandar comparecer:
Convocaram os delegados **para** um conselho pedagógico extraordinário.
Convocámo-lo para expor o que sabe sobre a ocorrência.

culminar em
chegar ao ponto mais elevado:
A discussão **culminou numa** briga corpo a corpo.

cumprir com
concretizar, satisfazer o prometido:
Cumpri com o estabelecido.

D

dar com
encontrar:
Já **deste com** o erro?

dar em
acabar em, originar:
Tanta compreensão pode **dar em** irresponsabilidade!

dar para
servir *, situar-se de fronte **, resultar ***:
* Este quarto **dá para** os dois.
** A minha rua **dá para** o largo.
*** Agora **deu-te para** seres teimoso!

dar por
aperceber-se *, considerar **:
* Não foi fácil **darmos pelo** erro.
** **Damos por** concluídas as obras.

debater com
discutir:
O assunto **foi debatido com** todos os interessados.

debater-se com
lutar:
A empresa **debatia-se**, há muito, **com** enormes dívidas.

decepcionar-se com
sofrer desapontamento:
O público **decepcionou-se com** o jogo, que foi medíocre.

decidir-se a
tomar uma resolução:
Todos nós nos **decidimos a** abandonar a sala.

decidir-se por
optar:
O aluno **decidiu-se por** outro curso para conseguir entrar na Universidade.

decorrer de
   resultar:
   A minha dúvida **decorre do** teu comportamento ambíguo.

defrontar-se com
   enfrentar:
   Os sitiados **defrontaram-se com** a falta de água e alimentos.

degenerar em
   alterar para pior:
   A conversa **degenerou em** violenta discussão.

deixar de
   não continuar:
   Os dois amigos **deixaram de** se falar.

deixar-se de
   pôr fim a uma situação:
   Deixei-me de noitadas, porque me abalavam fisicamente.

delegar em
   fazer-se substituir, incumbir:
   O pai **delegou na** filha a representação da família na cerimónia.

deleitar-se com/em
   deliciar-se:
   Deleito-me com o pôr do sol, no Outono. Tu **deleitas-te na** contemplação de um mar tempestuoso.

deparar com
   achar diante:
   Ao entrar na sala, a Rosa **deparou com** o ex-namorado.

depor contra
   prestar declarações desfavoráveis:
   A testemunha **depôs contra** o réu.

depor por
   prestar depoimento favorável:
   Vou **depor pelo** Carlos, hoje.

desafiar a
   incitar, provocar:
   Os colegas **desafiaram-no a** dizer a verdade.

desafiar para
   convidar:
   Desafio-te para uma longa caminhada à beira-mar.

desavir-se com
   brigar, zangar-se:
   A minha irmã **desaveio-se comigo** por ciúmes tolos.

descambar em
   resultar desfavoravelmente:
   Afinal, a festa **descambou numa** maçadoria.

descender de
   proceder por geração, ter origens:
   Filomeno **descendia de** família portuguesa, pelo lado da mãe.

descrer de
   deixar de acreditar, perder a fé:
   Descreio das grandes causas, porque os homens são individualistas.

desentender-se com
   desavir-se, zangar-se:
   As famílias **desentenderam-se** uma **com** a outra, por causa dos filhos.

desfazer-se de
   despojar-se, livrar-se:
   Desfizeram-se das propriedades e emigraram.

desfazer-se em
ser exagerado em manifestações:
A jovem **desfazia-se em** requebros de sedução.

desfrutar de
usufruir:
Aquele empresário **desfruta de** uma boa reputação.

desgostar de
perder o gosto por:
Desgostei do trabalho por ser mal remunerado.

desiludir-se com
decepcionar-se:
Desiludiu-se com os estudos e foi trabalhar.

desiludir-se de
perder a ilusão:
Desiludimo-nos de partir para África, por causa da guerra.

desobedecer a
não obedecer:
O condutor **desobedeceu ao** sinal de código.

despenhar-se em
cair de alto:
O carro **despenhou-se na** ribanceira.

despertar para
estimular, ficar estimulado:
Aquele concerto **despertou-o para** a música.
Despertaste para a vida bem cedo.

despojar-se de
privar-se, renunciar:
Despojou-se dos bens e entrou para um convento.

destacar-se de
salientar-se:
A Teresa **destacava-se das** amigas pela sua simpatia para com todos.

destinar-se a
dirigir-se a*, estar destinado **:
* Este comboio **destina-se ao** Porto.
** Este equipamento **destina-se à** nossa escola.

destituir de
afastar, despromover:
O director **foi destituído do** cargo, por incompetência.

destoar de
não se harmonizar:
O grupo **destoava do** ambiente, pelo seu comportamento extravagante.

desvincular de
desligar:
Os colegas **desvincularam** o Pedro **da** decisão tomada, para não o violentarem.

deter-se a
demorar-se:
Detive-me a observar aquela movimentação.

deter-se em
demorar-se, reter-se:
Deteve-se em considerações desnecessárias.

determinar-se a
decidir-se:
Determinaram-se a recuperar todo aquele espaço.

dever-se a
ter como causa:
O acidente **deveu-se ao** mau piso da estrada.

diferenciar (-se) de
distinguir (-se):
O professor **diferenciou-o dos** colegas.
Gostamos de **nos diferenciar dos** outros.

diferir de
ser diferente, divergir:
A linguagem dos teus pais **difere da** tua, por pertenceres a outra geração.

dignar-se a
haver por bem:
O casal **dignou-se a** receber o visitante pela sua simpatia e cordialidade.

diluir em
dissolver:
Diluiu o pó **num** copo de água.

diplomar-se em
graduar-se em estabelecimento de ensino:
Diplomou-se em filologia clássica.

discordar de
não concordar, divergir:
A aluna **discordou do** ponto de vista do professor.

disparar contra
fazer fogo com uma arma, atirar:
Assustada, **disparou contra** aquele vulto.

dispersar-se por
estender-se *, espalhar-se **:
* Ao elaborar o trabalho, **dispersei-me por** vários assuntos, o que não é bom.
** Os manifestantes **dispersaram-se pelas** ruas, iludindo a polícia.

dispor de
ter à sua disposição, utilizar:
Hoje, **disponho de** uma situação económica razoável.

dispor-se a
propor-se, resolver-se:
Logo **se dispôs** a ajudar-me.

dissociar de
distinguir, separar:
Dissocia do trabalho a tua vida particular.

dissuadir de
desaconselhar, fazer mudar de opnião:
A minha mãe conseguiu **dissuadir-me da** minha intenção de emigrar.

distanciar-se de
afastar-se:
O António está a **distanciar-se** demasiado **de** nós.

distar de
estar a certa distância:
A minha aldeia **dista** cerca de oito quilómetros **da** Lagoa Comprida.

distrair-se a/com
desviar-se:
Distraiu-se a brincar, ou **com** a irmãzita.

distrair de
desviar-se:
O trabalho **distrai-me dos** meus problemas familiares.

distribuir por
dar, repartir, espalhar:
Vou **distribuir por** cada um de vós um questionário.
Distribuía sorrisos **por** todo o lado.

divergir de
    desviar-se do ponto de partida, discordar:
    Este é um assunto que já **diverge** em muitos aspectos **do** tema inicial.
    A tua proposta **diverge** muito **da** minha. Veremos quem ganha!

divertir-se a/com
    entreter-se:
    Enquanto o João **se diverte a** fazer palavras cruzadas, a irmã **diverte-se com** a leitura das anedotas da semana.

dividir em
    partir *, separar **:

    * **Divide** o bolo **em** partes.
    ** **Dividiu** os alunos **em** dois grupos.

dividir por
    distribuir:
    Dividiu os alunos **por** grupos.

doutorar-se em
    obter o grau de doutor:
    O Pedro já **se doutorou em** Direito.

duvidar de
    desconfiar *, não acreditar **:
    * **Duvido deste** sujeito, mas posso estar enganada.
    ** **Duvidou da** nossa capacidade de resposta.

E

ecoar por
    fazer eco, reflectir-se, soar:
    O som das trombetas **ecoou por** todo o acampamento.

elevar-se a
    crescer, importar:
    O preço das vendas **eleva-se a** quantitativos insuportáveis.

elogiar por
    tecer elogios, gabar:
    O professor **elogiou** o grupo **pela** solidariedade revelada em relação ao Pedro.

elucidar sobre
    informar, esclarecer:
    És capaz de me **elucidar sobre** as regras do concurso?

emanar de
    provir, sair de:
    Todos os dias **emanam** comunicados **do** Quartel General, para suster os tumultos.
    Emanam do bosque perfumes exóticos e inebriantes.

embater contra/em
    chocar, esbarrar:
    O barquito **embateu contra** uma rocha e desfez-se.
    Fui **embater no** passeio, para evitar o atropelamento.

embirrar com
    antipatizar, implicar:
    O chefe **embirrou comigo** e não sei porquê!

emboscar-se em
esconder-se, armar cilada escondendo-se:
Os assaltantes **emboscavam-se naquelas** rochas.

embrenhar-se em
absorver-se, meter-se em:
O Ramos **embrenha-se** cada vez mais **nos** negócios e esquece a família.
Os rapazes **embrenharam-se naquele** imenso Parque e foi difícil encontrá-los.

embrulhar com/em
envolver:
O vendedor **embrulhou** as roupas **em** (**com**) papel apropriado à época natalícia.

emocionar-se com
sentir emoção, comover-se:
Emocionaram-se muito **com** a vitória do seu compatriota.

emparceirar com
associar-se, fazer parceria:
Emparceira com a Joana nesta dança.

empenhar-se em
desenvolver esforços, envolver-se:
Se **te empenhares**, este ano, **nos** estudos, vencerás esse desencanto.

empolgar-se com
entusiasmar-se, comover-se fortemente:
O autor **empolgou-se com** os aplausos e não parava de agradecer.

enamorar-se de
apaixonar-se:
Desde que **me enamorei do** Pedro, não penso em mais nada!

encantar-se com
enlevar-se, fascinar-se:
Encantei-me com o fascínio que irradiava daquele olhar.

encarar com
enfrentar:
Custa-te **encarar comigo**, por problemas de consciência.

encarregar (-se) de
confiar uma tarefa, incumbir:
A professora de Biologia **encarregou** um grupo de alunos **de** recolher plantas variadas, para classificação.
Outro grupo **encarregou-se da** recolha de insectos.

encher com/de
tornar cheio, ocupar:
Os homens **encheram** o buraco **com** o entulho das obras.
Enche-me o copo **de** água, por favor?

encher-se de
reforçar *, fartar **:
* O professor **encheu-se de** paciência e falou novamente.
** **Enchi-me deste** ambiente de intriga, vou-me!

endereçar a
dirigir, enviar:
Endereçei o pedido **ao** director-geral.

endossar a

transferir para a responsabilidade ou conta de outrem (um encargo, pagamento, etc.) *, escrever o nome no verso de um documento comercial ou título de crédito **:

* **Endosso-te** (**a** ti) a responsabilidade desta resposta.

** **Endossa-me** (**a** mim) o cheque.

enganar com

iludir, esconder:

O Pedro **enganou** o amigo **com** aquelas falinhas mansas.

A mãe **enganava** a dor **com** o trabalho.

enganar-se em

cometer erro ou falta, equivocar-se:

Enganou-se no nome da rua.

engraçar com

simpatizar:

A criança **engraçou contigo**.

entender de

perceber, ter experiência ou conhecimento de:

Tu, que **entendes de** música, fala-me dessa peça.

entender por

interpretar, traduzir:

Diz-me o que **entendes por** efeitos terciários.

entender-se com

ocupar-se de, resolver *, relacionar-se **:

* **Entendeste-te com** o rapaz que apresentou a queixa?

** O professor **entende-se** muito bem **com** a turma.

entregar-se a

deixar de resistir *, consagrar-se **:

* Os pais **entregaram-se à** dor e nem receberam os amigos.

** Vou **entregar-me a** este estudo até ao Natal.

enveredar por

seguir uma determinada direcção:

O Helder **enveredou pelas** Matemáticas, por influência da família.

envolver-se em

incluir-se, comprometer-se *, enredar-se **:

* **Envolveu-se na** investigação do caso, com êxito.

** A empresa **envolveu-se em** negócios escuros.

equiparar a

comparar, igualar:

O meu curso **é equiparado a** um bacharelato.

equivaler a

ter igual valor:

O 2.º ano do curso complementar nocturno **equivale ao** 11.º ano.

escarnecer de

troçar:

A garota **escarnecia do** pobre tolo.

escorrer de/por

correr um líquidi, fluir:

Escorria das folhas um líquido viscoso.

A humidade **escorria pelas** paredes da casa abandonada.

escudar-se em
apoiar-se, proteger-se:
Certos cidadãos **escudam-se na** ambiguidade das leis para justificar incorrecções.

escusar de
não necessitar, evitar:
Escusas de sair, podes ficar.
Escusas de me suplicar, que não te deixo sair.

escusar-se a
esquivar-se, negar-se:
Todos **se escusaram a** revelar o nome do culpado.

esforçar-se por
fazer por, empenhar-se em:
O intruso **esforçou-se por** passar despercebido.

esgueirar-se de
afastar-se, fugir sorrateiramente:
Esgueira-te da sala logo que puderes.

especializar-se em
dedicar-se a uma especialidade:
O Pedro **especializou-se em** cirurgia.

especular sobre
comentar-se:
Especulou-se muito **sobre** o incêndio do Chiado.

esperar por
aguardar:
Esperavam pela chegada do correio.

esquivar-se a
evitar, fugir a:
A Berta **esquivava-se a** responder às questões.

estafar-se a/com
fatigar-se:
Estafei-me a limpar a casa.
Estafei-me com estas andanças.

estar a
exprime acção durativa:
O homem **está a** caiar os muros.

estar para
exprime a iminência de um acontecimento:
O avião **está para** chegar.

estar por
indica que uma acção que deveria ter sido realizada ainda não o foi *, ser favorável, apoiar **:
* E o meu trabalho **está por** fazer!
** **Estamos por** ti, podes estar certo, amigo.

estimular a
entusiasmar, incitar:
O ambiente agradável **estimula ao** trabalho.

estremecer com/de
assustar-se, tremer:
Estremecemos com o receio das represálias.
Estremeço de susto, mal o vejo.

estribar-se em
apoiar-se, firmar-se:
O professor **estribou-se no** regulamento interno, para justificar a sua exigência.

evadir-se de
escapar-se, fugir:
O recluso **evadiu-se da** prisão, esta noite.

evidenciar-se em/por
salientar-se, sobressair:
A Rosa **evidencia-se no** trabalho **pelo** empenhamento que revela.

exceder-se em
levar ao excesso *, apurar-se **:
* O funcionário **excedeu-se nas** palavras.
** **Excedes-te em** requintes!

excluir de
retirar *, não admitir **:
* **Fui excluído da** lista, por lapso.
** O aluno **foi excluído da** frequência, por excesso de faltas.

exemplificar com
dar exemplos:
Tenta **exemplificar, com** um caso recente, o que afirmas.

exonerar de
demitir *, desobrigar **:

* **Foi exonerado da** Direcção por incompatibilidade com outras funções.
** **Exoneraram-me de** todos os encargos, por período temporário.

exortar a
aconselhar, incitar:
Exorta teu filho **a** terminar o curso.

expandir-se por
estender-se, difundir-se:
A doença **expandiu-se por** toda a aldeia.
Hoje, as notícias **expandem-se pelo** mundo, num instante.

expulsar de
mandar sair, banir:
A polícia **expulsou do** largo os manifestantes.
O traidor **foi expulso do** grupo.

extasiar-se a/com
encantar-se, maravilhar-se:
O pequenito **extasia-se a** ouvir histórias.
Extasio-me com a magia da música barroca.

F

falar a
comunicar *, cumprimentar **:
* **Fala a** todos com a mesma simpatia.
** Já **falaste à** senhora, filha?

falar com
conversar:
Gostei de **falar com** os teus amigos.

falar de/sobre
referir-se, explanar conhecimentos:
Já **falaste do** (**sobre** o) que aconteceu?
O professor **fala dos** (**sobre** os) Descobrimentos, com entusiasmo.

falar por
tomar a palavra em vez de outro:
O delegado de turma **falou pelos** colegas.

familiarizar-se com
adaptar-se, aclimatar-se:
As crianças **familiarizam-se com** novas situações ou espaços.

fartar-se de
satisfazer-se *, cansar-se **, perder o gosto por ***:
* Este Verão **fartei-me de** nadar!
** **Farto-me de** esperar por ti, todos os dias.
*** **Fartou-se do** piano, diz ele!

fazer de
fingir, representar:
O mendigo **faz de** cego, mas não é!
Este actor **fazia de** bruxa numa peça de Gil Vicente.

fazer por
esforçar-se:
Faz pela vida, que o proveito é teu!

fiar-se em
acreditar, confiar:
Fia-te no que te digo!

filiar-se em
inscrever-se num agrupamento ou partido:
Vou **filiar-me neste** movimento ecologista.

forçar a
obrigar, impor:
A doença **forçou-me ao** repouso.

formar-se em
licenciar-se *, educar-se **:
* Este ano **formam-se em** Medicina muitos estudantes.
** Muitos espíritos **se formaram** nas ideias da Reforma.

fruir de
desfrutar, gozar:
No Verão posso **fruir do** silêncio dos campos na minha aldeia.

fugir a/de
evitar, escapar-se:
Fujo das situações que me embaraçam.
Foges à questão, porque te compromete.

furtar-se a
evitar, esquivar-se:
Furtámo-nos ao encontro, que seria doloroso.

G

gabar-se de
enaltecer-se:
Gabava-se de uma competência que ninguém lhe reconhecia.

gostar de
apreciar *, sentir afecto **:
* **Gosto de** assistir a concertos nas ruínas do Carmo.
** **Gosto** muito **das** crianças, mesmo sendo traquinas.

gozar com
gracejar, troçar de:
Não **gozes comigo**, que estou bem assustada.

gozar de
usufruir:
Este médico **goza de** grande prestígio.

gracejar com
dizer gracejos:
A minha avó gostava de **gracejar com** todos.

garnecer com/de

enfeitar *, munir **, fortalecer ***:
* Vou **guarnecer** o lençol **com** (**de**) rendas e bordados.
** A minha dispensa **está** bem **guarnecida de** (**com**) doces, cereais e outros alimentos.
*** A cidade **foi guarnecida de** (**com**) muralhas.

H

habituar-se a
acostumar-se, adaptar-se:
Já **se habituou ao** clima da região e **a** levantar-se cedo.

harmonizar-se com
estar em conformidade:
Os cortinados da sala não **se harmonizam com** os móveis.

hesitar em
ficar indeciso, vacilar:
O João **hesitou em** falar ao colega.

hesitar entre
estar indeciso numa opção:
Hoje **hesitei entre** comprar um livro ou uns sapatos.

honrar com
conceder honra, manifestar estima ou consideração:
Honrou-o com um elogio público.

horrorizar-se com
apavorar-se:
Horrorizou-se com a cena de pancadaria.

I

identificar-se com
sentir semelhança:
A Teresa **identifica-se com** a ideologia marxista.

igualar-se a
comparar-se, irmanar-se:
Igualaram-se uns **aos** outros.

ilibar de
reabilitar, isentar de culpa:
O réu **foi ilibado do** crime.

iludir com
enganar:
Iludiste-me com esse olhar!

ilustrar com
ornar com desenhos, gravuras, etc. *, esclarecer com exemplos **:
* Os textos **são ilustrados com** desenhos do Zé.
** **Ilustra com** um caso o que afirmaste.

imiscuir-se em
intrometer-se:
Não **te imiscuas no** que só a mim diz respeito.

impacientar-se com
agitar-se, enervar-se:
O pai **impacientou-se com** a demora do filho.

impedir de
obstar a, não permitir:
Impeço-te de entrares no meu quarto, quando estou a trabalhar.

impelir a
incitar, levar a:
Os amigos do Luis **impeliram-no a** beber, sem pensar nas consequências.

implicar com
contrariar, armar discussão:
Não **impliques com** o teu irmão, deixa-o em paz.

importar-se com/de
dar importância, preocupar-se:
Não **se importava de** o ver apático, nem **com** a ameaça de doença.

imunizar contra
tornar imune a uma doença:
Esta vacina **imuniza-te contra** a gripe.

incentivar a
estimular, incitar:
Os pais **incentivam** os filhos **a** cuidar da sua vida.

incidir sobre
cair sobre:
Naquele dia, todas as conversas **incidiam sobre** o mesmo assunto.

incitar a
estimular, instigar:
Todos o **incitavam a** dizer o poema.

inclinar-se para
curvar-se:
A planta **inclina-se para** a luz.

inclinar-se a
pender:
O professor **inclinava-se a** que tivesse sido a Joana a culpada.

incorrer em
expor-se, ficar implicado:
Incorrias em erros graves, pela tua inexperiência e teimosia.

incumbir de
encarregar alguém:
A mãe **incumbiu-me de** te dar o recado.

incutir em
incitar, instigar:
Conseguiu **incutir no** amigo a ideia de voltar a estudar.

indagar sobre
averiguar, investigar:
Vão **indagar sobre** quem esteve na origem do boato.

indigitar para
indicar, designar:
O Ministério **indigitou-o para** dirigir o inquérito.

indignar-se contra
exaltar-se, irar-se:
Indignei-me contra quem me impedia de passar.

indispor-se com
aborrecer-se, irritar-se:
O Carlos **indispôs-se com** a família e saíu de casa.

inferir de
deduzir, concluir:
Infiro das tuas palavras que mudaste de opinião.

infestar de
assolar, devastar, invadir:
O cão **infestou** a casa **de** pulgas.

influir em
influenciar, contribuir:
O teu empenhamento **influiu na** decisão do Conselho.

informar-se sobre
indagar:
Os médicos **informaram-se sobre** os antecedentes da doença.

inibir de
coibir, obstar, impossibilitar:
A situação de inferioridade não me **inibiu de** reagir.

inquietar-se com
incomodar-se, preocupar-se:
Os pais **inquietam-se com** a falta de professores.

inquirir sobre
indagar, investigar:
A comissão **vai inquirir sobre** o que se passou naquela noite.

insistir em
persistir, teimar:
Os alunos **insistiam na** alteração da data do teste.

insistir com
persistir, teimar:
Não **insistas com** o teu pai.

insurgir-se contra
revoltar-se
Os sindicatos **insurgem-se contra** medidas discriminatórias.

inteirar-se de
obter informação, tomar conhecimento pleno:
O director de turma já **se inteirou do** que se passou na aula de Português.

interceder por
intervir a favor de, pedir:
A mãe **intercedeu pela** filha junto do pai.

interessar-se por
tomar interesse por:
O Carlos sempre **se interessou pela** vida animal.

interferir em
imiscuir-se, intervir:
Não **interfiras nesta** situação, que é melindrosa.

interrogar sobre
fazer perguntas a, questionar:
O professor de História vai **interrogar-te sobre** a Revolução Francesa.
O director vai **interrogar-te sobre** o que se passou.

intervalar com
    alterar, abrir intervalos:
    Intervalamos as sessões de tra-
    balho **com** música sinfónica.

intimar a
    convocar, ordenar com autori-
    dade:
    O Presidente **intimou** o aluno **a**
    acompanhá-lo ao Conselho
    Directivo.

intitular-se de
    dar-se a si próprio um título:
    A polícia prendeu o indivíduo
    que **se intitulava de** médico.

investigar sobre
    indagar, pesquisar:
    Os biólogos **investigam sobre**
    a origem do SIDA.

investir em
    empregar esforço ou dinheiro:
    Já **investi neste** trabalho muito
    tempo e dinheiro.

investir contra
    atacar:
    A polícia **investiu contra** os
    manifestantes.

irritar-se com
    exaltar-se, tornar-se colérico:
    Não **te irrites comigo**, que não
    tenho culpa.

ir a
    dirigir-se a (com pouca de-
    mora):
    Na Páscoa **vou à** Serra da
    Estrela.

ir de
    tomar um meio de transporte:
    Vamos de metro ou autocarro?

ir para
    movimentar-se para ficar por
    algum tempo ou definitiva-
    mente:
    Muitos portugueses **foram para**
    o Brasil e outros **para** África.
    Vamos para casa.

ir sobre
    acometer, atacar:
    A polícia **foi sobre** o ladrão e
    apanhou-o.

irromper por
    surgir de repente e com ímpeto:
    Por entre amultidão **irrompe-**
    ram ameaças de ataque ao
    palácio.

isolar-se de
    afastar-se dos outros:
    A Joana e a Teresa **isolam-se**
    da turma, por elitismo.

J

jogar com (fig.)
    interpretar a seu modo **, fun-
    cionar **:
    * **Jogas com** as palavras para
    me confundir.
    ** **Joguei com** as diversas
    hipóteses para chegar a este
    resultado.

jubilar com
    alegrar-se com:
    Jubilámos com a vitória.

jubilar de
    sentir e manifestar grande ale-
    gria:
    Jubilava de prazer ao ver-se
    vitoriosa.

juntar-se a
ligar-se, formar grupo:
Em má hora **te juntaste a** essa gente.

juntar-se com (pop.)
amancebar-se, ir viver maritalmente:

Juntei-me com o António muito tempo antes de nos casarmos.

jurar por
prometer solenemente:
Juro pela minha saúde que nada direi.

L

ladear-se de
rodear-se:
Estás ladeado de boa gente, acredita!

lançar-se a
atirar-se, empenhar-se:
Enquanto o irmão **se lançava à** aventura, a Rita **lançava-se ao** trabalho.

lançar-se sobre
atacar:
Os homens **lançaram-se sobre** o incendiário e lincharam-no.

lembrar-se de
ocorrer ideia ou pensamento, recordar-se:
Lembro-me de tudo o que se passou então.

levantar-se contra
rebelar-se, amotinar-se:
A população **levantou-se contra** o corte da água na fonte centenária.

libertar de
livrar, soltar *, desobrigar **:
* **Liberta-o do** cinto de segurança!
** **Liberta-me do** compromisso, que não consigo satisfazê-lo.

licenciar-se em
adquirir licenciatura:
Licenciaste-te em Economia?

lidar com
ter contacto, conviver:
Todos os dias **lido com** os números!
Lido com o meu chefe como **com** um amigo.

ligar a
unir *, dar atenção **:
* Agora **liga** o corpo **à** saia e está o vestido pronto.
** Não **ligas aos** teus filhos, depois queixa-te!

ligar com (fig.)
entender-se bem, ter afinidades:
Não **ligo com** ele. Somos diferentes.

livrar de
defender *, libertar **:
* **Livra-te dos** ares, que eu te **livrarei dos** males.
** **Livrou-se do** serviço militar.

louvar por
elogiar, atribuir louvor:
O professor **louvou-o pelo** seu sentido de solidariedade.

lutar com
    travar luta *, ver-se a braços
    com **:
    * **Lutavam com** as ondas, mas
    em vão.
    ** Toda a vida **lutei com** a
    miséria!

lutar contra
    combater:

Inutilmente **lutavam contra** a
corrente.

lutar por
    desenvolver esforços, empe-
    nhar-se:
    Lutemos por uma sociedade
    mais justa.

M

magicar em
    cismar, pensar:
    Todos os dias **magico no** que
    aconteceu ao rapaz!

mandar por
    enviar:
    Manda por telex esta infor-
    mação.

mangar com (pop.)
    escarnecer, troçar:
    Andas a mangar comigo há
    muito tempo!

manifestar-se contra
    evidenciar desacordo:
    Os sindicatos já **se manifes-
    taram contra** estas leis labo-
    rais.

manifestar-se por
    mostrar-se favorável:
    Os trabalhadores **manifesta-
    ram-se pela** manutenção da
    empresa.

martirizar com
    torturar, fazer sofrer:
    Martirizavam-na com insinua-
    ções grosseiras.

meditar em
    pensar, reflectir:
    Meditava na história que aca-
    bara de ler.

meter-se com
    desafiar, provocar:
    Metem-se com o grupo e de-
    pois queixam-se!

meter-se em
    encerrar-se *, dedicar-se **, in-
    trometer-se ***:
    * **Mete-se em** casa e não con-
    vive.
    ** **Meti-me na** política, há já
    tempo.
    *** Não **te metas na** vida dos
    outros!

meter-se por
    entrar, adiantar-se por:
    Os trabalhos **meteram-se pela**
    noite dentro.

moderar-se em
    comedir-se, evitar excessos:
    Modera-te no álcool e **no**
    tabaco e terás mais saúde.

mofar de
    troçar, escarnecer:
    É feio **mofares do** colega!

moldar-se a
adaptar-se:
A Rita acabou por **se moldar ao** feitio do João.

mudar de
passar para outro lado *, substituir **. alterar ***:
* **Mudei de** casa há dois anos.
Mudei de secção.
** **Vou mudar de** roupa.

*** **Mudaste de** tom, porquê?
Porque, de repente, **mudei de** opnião!

multiplicar por
aumentar em número:
Multiplicas 5 **por** 6 e obténs 30.

munir-se de
abastecer-se, armar-se:
Munimo-nos de armas e víveres.

N

namorar com
iniciar uma relação amorosa:
O Tiago **namora com** a Margarida.

nascer para
ter predisposição, aptidão, vocação:
Nasceste para comediante, não há dúvida!

navegar por
percorrer um certo espaço (marítimo, fluvial ou aéreo):
Os marinheiros **navegaram pela** costa africana até chegarem ao Índico.

necessitar de
ter necessidade, precisar de:
Necessito de ajuda vossa.

negociar com
comerciar *, contratar **:
* **Negoceio com** japoneses há pouco tempo.
** Os sindicatos **negociaram com** empresários a matéria salarial.

negociar em
fazer negócio em determinada área:
O meu avô **negociava em** vestuário.

notabilizar-se por
evidenciar-se, tornar-se notável:
Mozart **notabilizou-se pela** qualidade e originalidade das suas peças musicais.

O

obedecer a
acatar, cumprir ordens *, seguir **:
* **Obedece aos** teus pais, que te querem bem.
** **Obedeci aos** meus impulsos.

ocupar-se a/com
aplicar a sua atenção, gastar tempo em:
Às vezes, **ocupo-me a** ler poesia.
Nas horas vagas, a Rita gosta de **se ocupar com** costura.

ocupar-se de
trabalhar, dedicar-se:
É o meu pai que **se ocupa dos** negócios da família.

olhar a
tomar em conta:
A minha mãe não **olhava a** despesas quando se tratava dos nossos livros escolares.

olhar para
contemplar *, observar **, fitar ***:
* **Olha para** este quadro!
** Atentamente, **olhou para** os dois lados da rua.
*** **Olha para** mim e responde!

olhar por
cuidar, ocupar-se de:
É nosso dever **olharmos pelos** que nos são queridos.

opor-se a
impedir *, ser contrário **:
* O João **opôs-se a** que déssemos o cão.
** Sempre **me opus às** tuas aventuras.

orar a/por
pedir através de orações, rezar:
Orei por ti a Deus, enquanto andavas na guerra.

orçar em
ter determinado preço:
As alterações do gabinete **orçaram em** 300 contos.

orçar por
calcular a despesa, avaliar:
O mecânico **orçou por** 20 contos o arranjo da chapa.

orgulhar-se de
encher-se de orgulho:
A empresa **orgulha-se da** qualidade do seu produto.

oscilar entre
variar *, vacilar **:
* O valor destes carros **oscila entre** os 800 e os 1000 contos.
** Ainda **oscilei entre** Farmácia ou Medicina. Depois decidi-me.

P

pactuar com
fazer pacto *, transigir **:
* A família do empresário **pactuou com** os raptores.
** Não **pactues** tanto **com** o teu filho.

padecer de
sofrer, ser doente:
Padeço de dores na coluna.

pagar-se de
receber o pagamento *, vingar-se **:
* O canalizador **pagou-se** bem **do** arranjo que me fez.
** **Hei-de me pagar do** mal que me fizeram.

pagar por
sofrer as consequências:
O indivíduo **está a pagar pelo** crime que cometeu.

parar de
    terminar:
    já **parou de** nevar.

parecer-se com
    assemelhar-se:
    Os filhos **parecem-se com** os pais.

passar a
    começar *, ir ocupar-se de **:
    * Depois da multa **passou a** ter mais cuidado com os sinais de trânsito.
    ** Depois de nos cumprimentarmos, **passámos ao** assunto em questão.

passar de
    ir além de:
    O ponteiro dos quilómetros **passou dos** 100.
    Não **passava de** uma ingénua no meio daquele grupo.

passar por
    dar a ideia de, parecer:
    Passaste por inocente e sabes que és a culpada.

pecar contra
    transgredir os preceitos da Igreja:
    Pecas contra Deus, se não observares os Mandamentos da Igreja.

pegar-se a (o mesmo que apegar-se a)
    servir-se de:
    Há pessoas que **se pegam à** opinião dos outros, em lugar de pensar por si.

pegar-se com
    altercar, zangar-se, brigar:
    O Carlos **pegou-se com** o pouco solícito empregado do guichet.

pender para
    inclinar-se, ter propensão:
    O quadro **está a pender para** a esquerda.
    O Rui **pende para** as matemáticas, sem dúvida.

pensar em
    reflectir, meditar:
    Todos os dias **penso no** mesmo, **em** voltar ao teatro.

perceber de
    entender, ter conhecimentos de:
    Agora já **percebo de** computadores!

perder-se com (fig.)
    perder a capacidade de controlo:
    A minha avó **perde-se com** os netos, faz-lhes as vontades todas.

perder-se de (fig.)
    desviar-se *, descontrolar-se **:
    * **Perdi-me do** que estava a dizer.
    ** **Perdeu-se de** riso, com as palhaçadas do filho.

perder-se por (fig.)
    gostar muito:
    Perco-me por ti e tu nem me vês!

perguntar por
    procurar, tentar localizar:
    Choroso, o miúdo **perguntava pelo** cão.

persistir em
insistir, teimar:
O professor **persiste na** hipótese de um novo teste, apesar dos dois já realizados.

perturbar-se com
perder a serenidade ou o equilíbrio emocional:
Fiquei perturbada com a frieza dos seus gestos.
As crianças **perturbam-se com** as desavenças entre os pais.

poder com
ser capaz, suportar:
Compra-lhe os sapatos, que **podes** bem **com** isso.
A turma não **pode com** aquele professor! (fig.)

pôr-se a
começar, iniciar uma acção:
O cão **pôs-se a** ladrar furiosamente.

precaver-se de/contra
acautelar-se, prevenir-se contra:
Em Portugal, não **nos precavemos** convenientemente **do** (**contra** o) frio.

precisar de
necessitar:
Preciso de uma caneta vermelha.

predispor-se a
dispor-se ou preparar-se de antemão:
O amigo **predispôs-se a** ajudá-lo logo que pudesse.

prender-se a (fig.)
afeiçoar-se:
A ama **prendeu-se à** criança, como se fosse sua.

preocupar-se com
inquietar-se *, ter cuidado **:
* **Estou preocupada com** a saúde do meu irmão.
** **Preocupo-me com** a alimentação.

preparar-se para
precaver-se *, estudar para uma prova **, arranjar-se ***:
* Os vizinhos já **se prepararam para** o frio que aí vem.
** Não **me preparei para** o teste.
*** **Prepara-te** bem **para** o jantar.

prescindir de
dispensar, passar sem:
Amigo, não **prescindo da** tua colaboração!

presentear com
dar presente a, brindar:
O director **presenteou** os seus convivas **com** um amigável discurso.

preservar-se de/contra
defender-se:
Hoje, dificilmente **nos preservamos da** (**contra** a) poluição sonora.

prestar-se a
dispor-se:
O Presidente **prestou-se a** interceder favoravelmente.

prestar para
ter alguma utilidade:
Quando somos velhos, já não **prestamos para** nada!

prevenir-se de/contra
o m. q. precaver-se.

primar por
distinguir-se, ser primoroso:
A tua irmã **prima pela** elegância.
Eu **primo pela** minha honestidade!

principiar a/de/por
começar uma acção:
O meu advogado já **principiou a** (**de**) preparar a acção.
Principia por ler atentamente o texto.

privar com
conviver intimamente *, tratar de perto **:
* **Privo com** os meus vizinhos do rés-do-chão.
** Já **privei com** essas matérias há tempo.

privar-se de
abster-se, prescindir:
Privo-me de emoções fortes.

proibir de
impedir, opor-se:
A mãe **proibia** a filha **de** sair à noite.

prolongar-se por
alongar-se, durar:
A conversa **prolongou-se pela** tarde toda.

prontificar-se a
dispor-se, oferecer-se:
O Paulo **prontificou-se a** ajudar a irmã.

propagar-se a
generalizar-se, transmitir-se:
O incêndio **propagou-se a** toda a floresta.

proteger-se de/contra
defender-se:
O mendigo **protegia-se do** (**contra** o) frio com o sobretudo que lhe dei.

protestar contra
reclamar, insurgir:
O velho **protestava contra** a miséria daquela reforma.

pugnar por
lutar:
É natural que se **pugne por** melhores condições de vida.

punir com
castigar:
A polícia **puniu** o infractor **com** uma multa de 5 contos.

puxar de/por
tirar, extrair *, forçar a **:
* O João **puxou de** (**pelo**) dinheiro e não nos deixou pagar a conta.
** Bem **puxo pela** memória, mas não consigo lembrar-me do nome.

qualificar de
atribuir qualidade, emitir opinião sobre:
Imagina que me **qualificaram de** inapto e preguiçoso.

queixar-se de
manifestar descontentamento *, denunciar **:
* O lavrador **queixa-se do** mau ano que vai para a agricultura.

** O Carlos **queixou-se** à polícia **do** roubo do carro.

questionar (-se) sobre
interrogar (-se) sobre, pôr em causa:
Questionava-se sobre o futuro daquelas empresas em declínio
Questiono-me sobre se é isto que quero para a minha vida.

R

raciocionar sobre
pensar, ponderar:
Vê se **raciocinas sobre** a situação, para encontrar uma saída.

ralar-se com (pop.)
atormentar-se, inquietar-se:
Já **me ralei** demais **com** este problema. Acabou-se!

ralhar a/com
repreender em voz alta:
A mãe **ralhou à (com** a) pequenita, por se ter sujado no quintal.

reabilitar-se de
obter a sua reabilitação:
O atleta conseguiu, finalmente, **reabilitar-se da** má imagem que deu há dois anos.

reagir a
responder a um estímulo:
O entrevistado **reagiu às** críticas com serenidade.

reagir contra
opor-se, resistir:
O aluno **reagiu contra** a insinuação do professor de que tinha copiado.

reanimar-se com
ganhar novo ânimo:
O partido **reanimou-se com** os resultados das eleições.

reatar com
retomar a relação:
A Xana **reatou** a amizade **com** a Ana, nas férias do Natal.

rebaixar-se a
humilhar-se:
Dantes as mulheres **rebaixavam-se aos** maridos, por deles dependerem economicamente.

rebelar-se contra
revoltar-se:
O aluno **rebela-se contra** o professor prepotente.

recair em
reincidir:
A conversa **recaía na** guerra do Golfo, tal era a nossa preocupação.

recair sobre
incidir (culpas ou responsabilidade):
As responsabilidades **recaíam sobre** o secretário-geral.

recear por
temer:
Os bombeiros **receavam pelo** recrudescimento do incêndio.

reclamar de
protestar:
Os funcionários **reclamavam do** atraso dos vencimentos.

reclamar contra
protestar:
O povo **reclama contra** as medidas de austeridade.

reclamar por
exigir, reivindicar:
Os trabalhadores **reclamaram por** melhores salários.

recolher a
regressar:
O rebanho **recolhia ao** redil, quando rebentou a tempestade.

recolher-se em
abrigar-se:
O pastor **recolheu-se no** alpendre da capela.

recompor-se de
retomar a calma:
Depressa **me recompus do** susto.

reconciliar-se com
reatar a amizade, pôr-se de bem com *, pôr-se em paz com a consciência **:
* O Luis **reconciliou-se com** o pai.
** **Reconciliei-me comigo** própria.

reconvalescer de
recuperar a saúde:
Já **reconvalesci da** gripe que apanhei.

reconverter em
converter novamente:
Reconverte o dólar **em** escudos.

recordar-se de
lembrar-se:
Ainda **me recordo daquele** Natal na Serra da Estrela.

recorrer a
lançar mão de, valer-se de:
Recorri a um empréstimo para comprar a casa.

recorrer de
interpor recurso:
O réu **vai recorrer da** sentença.

recrudescer de
aumentar *, exacerbar-se **:
* O combate **recrudesceu de** violência.
** **Recrudesci de** raiva ao sentir-me impotente perante a situação.

recuar de/perante
fugir, retirar-se:
Recuei da sala, **perante** a iminência de um encontro desagradável.

redimir-se de
libertar-se:
Confessando, **redimo-me dos** problemas de consciência.

reduzir a
transformar:
A explosão **reduziu** todo o edifício **a** escombros.

reduzir-se a
diminuir-se *, limitar-se **:
* Após a exoneração, o ministro **reduziu-se à** condição de cidadão.
** **Reduzi-me a** pagar, sem mais comentários.

referir-se a
aludir, fazer referência:
No seu discurso, o Primeiro Ministro **referiu-se ao** êxito da sua política.

reflectir em/sobre
meditar, ponderar:
O Pedro **reflectia no** assunto.
A direcção do partido **reflectia sobre** o resultado das eleições.

reflectir-se em
projectar-se *, transmitir-se **:
* Os efeitos do mau tempo **reflectiam-se nos** preços dos produtos agrícolas.
** A luminosidade do sol **reflectia-se nas** gotas do orvalho.

refugiar-se em
abrigar-se, procurar protecção:
Tive de **me refugiar numa** loja, por causa da chuva.

regalar-se com
sentir grande prazer:
Regalei-me com um bom jantar.

regenerar-se de
vivificar-se *, reabilitar-se **:
* A minha pele já **se regenerou das** queimaduras.
** O Vitor **regenerou-se do** vício do álcool.

reger-se por
orientar-se, regular-se:
Uma escola **rege-se pelas** leis e **por** um regulamento interno.

regozijar-se com/por
alegrar-se:
Regozijou-se por ter entrado para a Faculdade e **com** a alegria dos pais.

regressar de
voltar:
Regressei da aldeia, ontem.

regular-se por
orientar-se:
Regulava-se pelas notas que tinha tomado.

relacionar-se com
ter relação *, travar conhecimento **:
* Este texto **relaciona-se com** o assunto que discutimos.
O Professor **relaciona-se** bem **com** os alunos.
** Este ano, na praia, **relacionei-me com** uns suecos simpáticos.

relegar para
afastar, banir, repelir:
Fui relegado para o fim da lista e não sei porquê!

rematar com
finalizar, concluir:
O orador **rematou** o discurso **com** um voto de sucesso para todos.

remeter a/para
   enviar *, recomendar **, adiar ***:
   * Já **remeteste** a encomenda
   para Paris?
   ** **Remeti** o assunto **à** apreciação da Direcção-Geral.
   O problema **foi remetido para**
   apreciação em Conselho de
   Ministros.
   *** Decidi **remeter** esta leitura
   para as férias de Verão.

remeter contra (o mesmo que
   arremeter)
   atacar:
   O cão **remeteu contra** nós,
   com uma fúria de lobo esfai-
   mado.

remeter-se a
   referir-se *, entregar-se **:
   * Para finalizar, **remeto-me às**
   minhas primeiras palavras.
   ** A jovem acusada **remetia-se
   a** um silêncio, a um mutismo
   defensivo.

remontar a
   ir buscar a origem ou a data:
   As nossas romarias, que **re-
   montam à** Idade Média, ainda
   mantêm a tradição da dança no
   adro da capela.

remunerar por
   pagar, gratificar:
   O dono da loja **remunerou** o
   João não só **pelo** trabalho que
   executou, como **pela** rapidez do
   mesmo.

renascer para
   adquirir nova vida, recuperar
   forças:
   Depois deste interregno doloroso, sinto-me **renascer para** a
   vida, para o mundo.

render-se a
   submeter-se, ceder:
   O Iraque **rendeu-se ao** inimigo.
   Os rapazes, regra geral, **ren-
   dem-se aos** encantos femi-
   ninos.

renegar de
   afastar, repelir:
   Renego deste trabalho e **do**
   demónio que o inventou.

renunciar a
   rejeitar, desistir de *, abandonar
   cargo ou função**:
   * Não podemos **renunciar aos**
   direitos adquiridos.
   ** O secretário-geral **renunciou
   ao** cargo por pressão das bases
   do partido.

reparar de
   compensar:
   Poderei **reparar** os meus amigos **das** preocupações que lhes
   causei?

reparar em
   dar conta de *, observar **:
   * Quando **reparei em** ti, já ias
   longe.
   ** **Repara no** labor deste ren-
   dilhado.

repartir com
   partilhar:
   Reparte comigo o teu bolo!

repartir em
dividir:
Vou **repartir** o bolo **em** peque-
nos pedaços, para chegar para
todos.

repartir por
distribuir:
Reparti as plantas **pelos** can-
teiros.

repercutir-se em
reflectir-se, reproduzir-se:
Os efeitos da guerra **repercu-
tem-se nas** tensões sociais.
O cântico que o coro entoava
repercutia-se no interior da
velha catedral.

reportar-se a
aludir, referir-se:
Para esclarecer a sua decisão,
reportou-se às origens dos
acontecimentos.

reputar de
avaliar, julgar:
Os comentaristas **reputaram de**
decisiva, para a solução do
caso, esta reunião a alto nível.
Reputo-o de homem honesto e
sincero.

resgatar de
libertar:
Ainda não **foram resgatados
do** inimigo todos os prisionei-
ros.

resguardar de
proteger:
Esta capa **resguarda** o carro
da humidade da noite.

residir em
morar, habitar:
Residimos em Oeiras há muitos anos.

resignar-se a
conformar-se, sujeitar-se:
Resignei-me a abdicar do ta-
baco por causa da minha saúde
abalada.

resignar-se com
conformar-se:
Não **me resigno com** esta
situação.

respeitar a
dizer respeito, ser relativo:
Não **respeita a** este Conselho
decidir sobre a amnistia dos
presos políticos.

respirar por
exercer o fenómeno da respi-
ração:
Os peixes **respiram por** guelras
ou brânquias.

responder a
dar resposta:
Respondi às perguntas com
serenidade.

responder por
responsabilizar-se:
Toda a turma estava disposta a
responder pelo desapareci-
mento do apagador.

responsabilizar por
atribuir responsabilidade:
Os funcionários **responsabili-
zam** a Direcção **pelo** caos a
que os serviços chegaram.

ressaltar de
evidenciar, sobressair:
Ressaltava da agitação das suas mãos o nervosismo que o dominava.

ressentir-se com
ofender-se:
És tão sensível que **te ressentes com** a mais ligeira chamada de atenção.

ressentir-se de
sofrer o efeito de:
O bebé **ressentiu-se da** mudança do leite.

restabelecer-se de
recuperar saúde ou forças:
O pequenino já **se restabeleceu da** anemia que o enfraquecia há tempo.

resultar de
advir, ser consequência:
A subida do petróleo **resultou da** guerra.

resumir-se a
limitar-se:
O teu estudo **resume-se a** um breve folhear de livros.

resumir em
reduzir:
Resume o texto **em** poucas palavras.

retractar-se de
desdizer-se, manifestar publicamente o arrependimento:
Não mais te receberei, se não **te retractares do** que afirmaste a meu respeito.

retroverter de/para
retraduzir para o original um texto traduzido:
Retroverte este poema **do** Inglês **para** Potuguês.

reunir-se a
ajuntar-se, agregar-se:
Esta noite **vou reunir-me ao** grupo, para fazermos os cartazes.

reunir com
ter reunião:
O director de turma **reuniu com** os alunos, para se cumprimentarem e discutirem problemas de integração escolar.

revoltar-se com/contra
indignar-se, revoltar-se:
Revoltei-me com (**contra**) a acção de despejo movida à pobre família.
O povo **revoltou-se contra** a tirania do poder.

rezar a/por
orar:
Rezava à santa da sua devoção, **pelo** regresso do marido.

rimar com
formar rima:
O primeiro verso **rima com** o terceiro.

rir-se de
achar graça *, escarnecer **:
* **Riu-se das** cabriolices do gato.
** **Riam-se das** asneiras do colega, que presumia de sabichão.

rir-se para
   sorrir de simpatia ou contentamento:
   Depois de receber o prémio, a
   Rosa **ria-se para** a multidão,
   incapaz de falar.

riscar de
   eliminar, excluir:
   Riscaram-me da lista dos con-
   vidados.

rivalizar em/com
   disputar, procurar igualar:
   O grupo do João **rivalizava em**
   respostas certas **com** o da
   irmã.

rodear com/de
   cercar *, envolver **:
   * **Rodearam** o estádio **com** um
   cordão de polícias.

Rodearam o bairro **de** polícias
** Os meus pais **rodeiam-me
de** (**com**) mimos.

rodear-se de
   fazer-se acompanhar, apoiar-se:
   O gabinete **rodeou-se de** bons
   técnicos, para assegurar o êxito
   do projecto.

rogar a/por
   o mesmo que orar ou rezar (v.).

romper com
   exceder-se, inimizar-se:
   Rompeu com os amigos, por
   coisa de pouca monta.

rotular de
   qualificar (fig.):
   Achas justo que me **tivessem
   rotulado de** ingénua?

S

saber a
   ter determinado sabor:
   A manga **sabe a** resina.

saber de
   ter conhecimento *, ter informações **, procurar ***:
   * Tu, que **sabes da** matéria,
   ajuda-me.
   ** **Vou saber do** processo, em
   que ponto está.
   *** **Vai saber do** teu irmão. Sai
   daqui e não diz para onde vai!

sacar de (fig.)
   obter informações:
   Saca do teu irmão o que ele
   souber.

sacar de
   puxar, tirar:
   Feliz, a Rita **sacou da** carta
   de condução e mostrou-a à
   irmã.

sacrificar a
   oferecer em sacrifício, consa-
   grar inteiramente, renunciar a:
   A Maria **sacrificou** a juventude
   aos cuidados da família.

sacrificar-se a/por
   consagrar-se inteiramente, renunciar:
   Sacrificou-se à morte **pela**
   libertação dos companheiros.

safar de
tirar alguém de situação difícil:
Ainda bem que me **safaste daquela** confusão.

safar-se de
livrar-se, escapar-se:
O ladrão conseguiu **safar-se do** cerco da polícia.

sair a
parecer-se:
Até no gosto pela música a Dina **sai ao** avô.

sair-se com
dizer de forma inesperada:
O aluno **saiu-se com** uma resposta que fez rir todos.

salientar-se por
sobressair, evidenciar-se:
Os dois rapazes **salientavam-se pelas** suas intervenções, inteligentes e incisivas.

salpicar com/de
polvilhar:
Salpiquei o caminho das formigas **com** (**de**) pó insecticida.

saltar de/para
passar de um lado para o outro dando um salto:
Inesperadamente, **saltou da** janela **para** a rua e ninguém mais o viu.

salvar de
livrar de perigo:
O médico **salvou-me da** morte!

satisfazer-se com
contentar-se:
O miúdo **satisfez-se com** um sumo e um bolo.

saturar-se de
cansar-se, fartar-se:
Saturei-me daquele ambiente de fumo.

segregar de
afastar:
Segregaram-no do convívio com os outros.

sentir-se com
ofender-se:
A mãe **sentiu-se com** o que lhe disseste. Pede-lhe desculpa.

separar-se de
afastar-se:
Separei-me dos amigos de infância há muitos anos.

ser contra
ser desfavorável:
Sempre **fui contra** as touradas.

ser por
ser favorável:
Nas discussões do grupo, eu **era pelo** meu irmão, é claro!

servir de
substituir, valer:
A toalha branca e bordada **servia de** cortinado.

servir-se de
utilizar, usar:
Podes servir-te do meu quarto para estudares.

servir para
ter préstimo:
Para que **serve** este banco aqui?

simpatizar com
ter simpatia, gostar, apreciar:
Simpatizo com os meus colegas. São amáveis e divertidos.

sobrecarregar com/de
obrigar a um esforço exagerado:
O professor **sobrecarrega** os alunos **com** (**de**) trabalhos de casa.

sobrepor-se a
elevar-se acima de:
A amizade **sobrepõe-se às** dificuldades.

sobressair de
evidenciar-se, ressaltar:
Este edifício **sobressai dos** restantes, pela sua monumentalidade.

sobressaltar-se com
assustar-se:
Sobressaltou-se com o toque inesperado da campainha.

sobreviver a
resistir a:
Sobreviveu ao mau tempo.

socorrer-se de
recorrer a:
Socorri-me da cábula para não deixar em branco a resposta.

sofrer com
ter sofrimento:
Sofria tanto **com** os exames, que chegava a ter febre.

sofrer de
padecer:
O Paulo **sofre de** terríveis dores de cabeça.

solidarizar-se com
tornar-se solidário:
Os amigos **solidarizaram-se contigo** e vão ajudar-te com um abaixo-assinado.

soltar-se de
libertar-se:
Solta-te dessa timidez e fala.

sonhar com
ter sonhos ou devaneios:
Esta noite **sonhei contigo**.
Sonho tantas vezes **com** viagens a lugares exóticos!

sorrir de
manifestar sentimentos através do sorriso:
Sorriu de tristeza, como se já se tivesse habituado ao sofrimento.

sorrir-se de
ironizar:
A mãe **sorriu-se da** minha perplexidade.

sorrir para
mostrar um modo risonho:
Mal a cumprimentei, **sorriu para** mim.

subir a/para
trepar, elevar-se de um lugar para outro mais alto:
Subi ao banco para arranjar a persiana.
Subimos, precipitadamente, **para** o comboio.

subjugar-se a
submeter-se:
Dantes, as mulheres **subjugavam-se aos** maridos.

subordinar-se a
sujeitar-se, obedecer:
Os interesses particulares **devem subordinar-se aos** gerais.

substituir por
pôr em lugar de outro:
Substituíram o armário de madeira **por** um de metal.

subtrair a/de
tirar *, furtar **, esconder ***:
* As empresas **podem subtrair aos** (**dos**) lucros despesas de representação.
** **Subtraíram do** relatório as páginas mais controversas.
*** **Subtraíram** a prisioneira **à** curiosidade dos jornalistas.

suceder a
vir depois, seguir-se:
D. Sancho I **sucedeu a** Afonso Henriques.

sucumbir a
morrer *, não resistir **:
* Meu pai **sucumbiu a** um colapso cardíaco.
** A pobre criança **sucumbiu ao** peso da carga que a obrigaram a transportar.

sujar de/com
enodoar, manchar, tornar sujo:
Sujei de (**com**) tinta as minhas mãos.

sujeitar-se a
o m. q. subjugar-se.

superar em
ultrapassar:
O Paulo **supera** o irmão **em** rapidez de raciocínio.

surgir de
aparecer:
O rato **surgiu do** quintal e entrou na cozinha.

surpreender com
provocar surpresa:
A Joana **surpreendia** as colegas **com** as histórias que contava.

surpreender-se com
ficar surpreso, espantado:
Surpreendemo-nos com o choro da Rita.

suspeitar de
ter suspeitas, desconfiar:
Logo **se suspeitou do** indivíduo solitário que por ali parava.

suspirar por
desejar muito:
Suspiro pelas férias, como nunca.

T

tardar a

adiar, demorar-se:
A recuperação deste património **tarda a** fazer-se

teimar em
insistir:
Teimas em fazer um projecto megalómano, que depois não será aprovado.

telefonar a
comunicar telefonicamente com alguém:
Telefonaste aos teus pais?

telefonar para
ligar telefonicamente para um lugar:
Vou telefonar para Seia.

temperar com/de
misturar qualquer substância para dar sabor:
Já **temperei** a salada **de** sal e limão. Agora **temperas com** um pouco de óleo.

tender a
aproximar-se, ter tendência *, ter em vista **:
* Os termómetros **tendem a** atingir os 30 graus.
** O inquérito **tendia a** recolher informações importantes.

tender para
pender, ter inclinação:
Estas instalações **tendem para** uma completa degradação.

terminar com/em/por
acabar-se *, concluir, rematar **:
* O espectáculo **terminou com** a intervenção do Carlos Paredes.
O orador **terminou** a sua intervenção **em** termos calorosos.
** A renda **termina com** (**por**) uma franja curta.

testemunhar contra
depor desfavoravelmente:
O funcionário **testemunhou contra** o aluno que partiu o vidro.

testemunhar por
depor favoravelmente:
Mas os colegas **testemunharam por** ele, dizendo que não fora culpado.

tingir de
comunicar uma cor a:
Vou **tingir de** preto esta saia velha.

tirar de
extrair *, sacar de **:
* **Tira da** gaveta as camisolas de Inverno.
** Vou tentar **tirar do** Pedro alguma informação.

tiritar com/de
tremer:
O mendigo **tiritava de** febre e **com** o frio que fazia.

tocar a
calhar *, exprime conselho ou ordem (no imperativo) **:
* **Há-de tocar ao** Pedro a vez de fazer o relatório.
** **Toca a** pintar as paredes!

tocar em
estabelecer contacto físico *, referir-se **:
* **Tocou**-lhe suavemente **no** rosto, como se assim o pudesse ver.
** Não **toques nesse** assunto, que é desagradável.

toldar-se de
ensombrar-se, obscurecer-se:
Tolda-se de nuvens o céu.
Toldou-se-lhe o rosto **de** ira. (fig.)

torcer por
   ser adepto de, desejar o sucesso ou a vitória:
   Torço pelo clube da minha
   terra.
   Os pais **torcem** sempre **pelos**
   filhos.

tornar a
   repetir acção *, voltar, regressar **:
   * O meu irmão **tornou a** emigrar.
   ** Descansa que ele já **tornou a**
   casa.

traduzir de/para
   passar de uma língua para
   outra:
   Vamos **traduzir** poemas **de**
   Latim **para** Português.

trajar de
   vestir:
   Os convivas **trajavam de** cerimónia.

transaccionar com
   o m. q. negociar.

transformar-se em
   converter-se *, assumir outra
   forma **, sofrer forte mudança ***:
   * Finalmente, o amor **foi-se**
   transformando numa serena e
   estranha amizade.
   ** E a crisálida **transforma-se**
   em borboleta.
   *** A brisa da manhã **transfor-**
   mou-se num autêntico ven-
   daval.

transigir com
   ceder, condescender:
   A polícia não **transigiu com** o
   infractor e multou-o.

transigir em
   ceder:
   Não **transijo em** questões de
   princípio.

tratar com
   combinar *, relacionar-se **:
   * Para estas obras **vou tratar**
   com o Sr. Joaquim.
   ** **Trato com** os alunos em
   termos de respeito mútuo e
   amizade.

tratar de
   cuidar *, decidir, procurar **, debater ***:
   * **Trato** muito bem **dos** meus
   gatos.
   ** **Trataram de** desmentir as
   notícias.
   *** A reunião **tratava do** orça-
   mento privativo.

tratar-se de
   dizer respeito, consistir:
   Trata-se de um assunto con-
   fidencial.

tratar por
   usar de tratamento:
   Normalmente, **trato por** tu os
   meus colegas.

tremer com/de
   apresentar movimento trémulo:
   A criança **tremia com** (**de**)
   medo.

trepar a
   subir *, elevar-se ** (fig.):
   * Ainda gosto de **trepar às**
   árvores para apanhar fruta.
   ** **Trepou a** ministro num instante!

triunfar em
obter sucesso:
A Rosa Mota **triunfou em** muitas maratonas.

trocar de
mudar, substituir:
Vou trocar de casa. Esta é pequena.

troçar de
o m. q. escarnecer.

tropeçar com
esbarrar (fig.):
Imagina que **tropecei com** a Luisa no supermercado!

tropeçar em
embater com o pé *, cair em erro, sentir dificuldade **:
* Caí porque **tropecei no** passeio.
** Nos testes de Inglês **tropeço** sempre **na** interpretação do texto (fig.).

U

unir-se a
ligar-se, solidarizar-se:
Os sindicatos **uniram-se** uns **aos** outros contra os despedimentos em massa.

untar com/de
aplicar unto (gordura):
Untaste o tabuleiro **com** (**de**) banha?

usar de
utilizar, recorrer:
Não receies **usar de** franqueza comigo.
Usa de imaginação.

usufruir de
disfrutar, gozar:
Não **usufruo de** privilégios especiais.

V

vacilar perante
hesitar, oscilar:
Não **vacilei perante** as insinuações: dei-lhe um estalo.

vacinar contra
aplicar vacina, inocular:
Vacinei o meu filho **contra** o sarampo.

vaguear por
andar sem rumo, deambular:
Vagueava pela noite, sem desejo de voltar a casa.

valer-se de
socorrer-se:
Vali-me dos apontamentos do ano anterior, para conseguir fazer o teste.

variar de
    mudar:
    Não **tenho variado** muito **de** roupa, mas de humor!...

varrer de
    fazer desaparecer, fazer esquecer:
    Varre do átrio toda a sujidade.
    Quero **varrer da** lembrança aqueles anos de guerra.

vender por
    alienar mediante certo preço *, enganar vendendo **:
    * **Vendia por** preços exorbitantes.
    ** Não vou àquela loja porque "**vende** gato **por** lebre".

viajar de
    utilizar meio de transporte:
    Quase sempre **viajo de** carro.

viajar por
    percorrer lugares ou países:
    Desta vez vou **viajar pelo** Norte do país.

vibrar com (fig.)
    entusiasmar-se muito:
    Vibro com o futebol, como **com** nenhum outro espectáculo.

viciar-se em
    ganhar vício:
    Levaram-no a **viciar-se na** droga.

vincular-se a
    ligar-se, comprometer-se:
    Vinculei-me ao projeto e agora não vou arredar-me das responsabilidades.

vingar-se de
    tirar vingança de ofensa recebida, desforrar-se, satisfazer-se:
    Vingou-se do ridículo em que o meteram.
    Já me **vinguei da** fome que me matava.

vir a
    deslocar-se *, acabar por **:
    * O Presidente de Angola **veio a** Portugal, em visita particular.
    ** Creio que o tribunal **virá a** comutar a pena.

vir de
    deslocar-se de um lugar *, utilizar meio de transporte **:
    * Os jogadores já **vieram do** Porto?
    ** **Vim de** avião, por ser mais cómodo.

vir para
    deslocar-se para permanecer:
    Há já muitos anos que **vim para** o Brasil.

viver com
    morar *, subsistir **:
    * Ainda **vivo com** os meus pais.
    ** **Vivo com** uma reforma miserável.

viver de
    subsistir:
    A minha tia **vive de** rendimentos.

voltar a
   o m. q. regressar a *, o m. q. tornar a **:
   * A actriz brasileira **voltou a** Portugal para entrar numa peça do Nacional.
   ** A imprensa **voltou a** falar do caso.

voltar de
   regressar em determinado meio de transporte:
   Voltaram de autocarro.

voltar para
   o m. q. regressar para.

voltar-se para
   virar-se:
   Volta-te para mim e desabafa!

votar em
   eleger através de voto:
   Votei na lista do Carlos, porque confio nele.

Z

zangar-se com
   aborrecer-se, irritar-se:
   A Dina **zangou-se com** o namorado.

zelar por
   cuidar, defender:

Os pais **zelam pelos** interesses dos filhos.

zombar de
   o m. q. troçar de, rir de.